Kleine Bibliothek der Weltweisheit
28

Michel de Montaigne

Von der Macht der Phantasie

Oft hat die Phantasie Macht über unseren Verstand. Sie beeinflusst unsere Leidenschaften, unseren Körper und vor allem die Sexualität. Aber es kommt nicht darauf an, die Phantasie zu beherrschen. Montaignes berühmter Essay ist ein Plädoyer dafür, sie bewusst zu nutzen und in die richtige Richtung zu lenken.

MICHEL DE MONTAIGNE (1533–1592) ist mit den *Essais*, in denen er sich selbst darstellt und, immer auf die eigene Erfahrung bezogen, skeptisch über Philosophie, Religion, Literatur und das Leben nachdenkt, weltberühmt geworden.

KARIN WESTERWELLE ist Professorin für Romanistik an der Westfälischen Wilhelms-Universität Münster. Von ihr erschien u. a. *Montaigne. Die Imagination und die Kunst des Essays* (2002).

Michel de Montaigne

Von der Macht der Phantasie

Aus dem Französischen
von Herbert Lüthy

Mit einem Nachwort
von Karin Westerwelle

dtv
C.H.Beck

Der Essay «Von den Luxusgesetzen» wurde
von Karin Westerwelle aus dem Französischen übersetzt.
Die anderen Essays wurden mit freundlicher Genehmigung
des Manesse-Verlags folgendem Band entnommen:
Michel de Montaigne: Essais.
Ausgewählt, aus dem Französischen übersetzt und
mit einer Einleitung von Herbert Lüthy

3. Auflage 2017
Deutscher Taschenbuch Verlag GmbH & Co. KG, München

Satz: Fotosatz Reinhard Amann, Aichstetten
Druck und Bindung: Druckerei C.H.Beck, Nördlingen
Umschlagentwurf: Geviert — Büro für Kommunikationsdesign,
München, nach dem Konzept von David Pearson, London
Printed in Germany
ISBN 978 3 423 34642 9

www.beck.de

Inhalt

Von der Macht der Phantasie

Eine starke Einbildungskraft bringt das Ereignis hervor,[1] sagen die Gelehrten. Ich gehöre zu denen, die sehr heftig die Wirkung der Einbildungskraft spüren. Jedermann wird von ihr geschüttelt, aber einige wirft sie um. Ihr Eindruck durchdringt mich. Und meine Kunst ist, ihr zu entwischen, nicht ihr zu widerstehen. Ich könnte von der bloßen Gegenwart gesunder und fröhlicher Menschen leben. Der Anblick fremder Angst beängstigt mich körperlich, und mein Gefühl bemächtigt sich oft der Gefühle eines Dritten. Ein beharrlicher Huster reizt meine Lunge und meinen Rachen. Ich besuche weit widerwilliger Kranke, an die mich Pflichten binden, als solche, die mir weniger nahestehen und die ich weniger schätze. Ich ziehe mir das Übel zu, mit dem ich mich befasse, und übertrage es auf mich selbst. Ich finde es nicht verwunderlich, dass sie[2] denen Fieber und Tod bringt, die sie beifällig gewähren lassen. Simon Thomas war zu seiner Zeit ein großer Arzt. Ich entsinne mich, wie er mich eines Tages zu Toulouse bei einem reichen schwindsüchtigen Greis antraf und ihm sagte, indem er mit ihm die Mittel zu seiner Heilung besprach, ein solches Mittel wäre, dass er mir Anlass gäbe, mir in seiner Gesellschaft zu behagen, und wenn er dabei seine Augen auf die Frische meines Gesichts und seine Gedanken auf die Munterkeit und Lebenskraft richte, von der meine Jugend strotzte, und all seine Sinne mit dieser blühenden Gesundheit durchtränkte, in der ich mich befand, so könnte sich dadurch sein Ergehen bessern. Aber er vergaß, zu sagen, dass sich dabei auch das meinige verschlechtern könnte. Gallus Vibius spannte seine Seele so an, das Wesen und Triebwerk des Irrsinns zu ergründen, dass er seine Vernunft aus ihren Angeln hob, so sehr, dass er sie nie wieder einzurenken vermochte und sich also rühmen konnte, er sei aus Einsicht verrückt geworden. Es gibt Menschen, die aus Entsetzen der Hand des Henkers zuvorkommen. Einer, dem man die Binde von den Augen nahm, um ihm seine Begnadigung zu verlesen, lag stracks tot auf dem Schafott, vom bloßen Schlag seiner Einbildungskraft hingestreckt. Wir schwitzen, wir beben, wir erblassen und erröten unter den Erschütterungen unserer Vorstellungsbilder, und, in den Federn ausgestreckt, fühlen wir unsern Körper von ihren Regungen geschüttelt, zuweilen bis hin zum Tod. Und die heißblütige Jugend erhitzt sich oft mitten im Schlaf so lebhaft, dass sie im Traum ihre Liebesbegierde stillt,

> dass sie, als wäre schon alles vorüber, oft sich ergießen lassen
> des mächtigen Flusses Strom und die Decke bespritzen.[3]

Und obwohl es nichts Neues ist, über Nacht jemandem Hörner wachsen zu sehen, der noch keine hatte, als er sich hinlegte, so ist doch die Begebenheit erinnerungswürdig, die dem Cyppus, einem italienischen König, widerfuhr. Der hatte, weil er den ganzen Tag mit großer Lust beim Stierkampf verweilt und die ganze Nacht über im Traum Stierhörner im Kopf gehabt hatte, sie durch die Macht der Phantasie auf der Stirn erzeugt.[4] Die Leidenschaft gab dem Sohn des Krösus jene Stimme, die die Natur ihm verweigert hatte. Und Antiochos bekam Fieber wegen der Schönheit der Stratonike, die sich allzu lebendig in seine Seele eingeprägt hatte. Plinius sagt, dass er den Lucius Cossicius am Tag seiner Hochzeit von einer Frau in einen Mann verwandelt sah. Pontanus und andere erzählen von ähnlichen Metamorphosen, die in den vergangenen Jahrhunderten in Italien vorgefallen sind.[5] Und durch das eigene heftige Verlangen und das seiner Mutter

> erfüllte Iphis als ein Knabe die Gelübde, die er als Mädchen gelobt hatte.[6]

Auf der Durchreise in Vitry-le-François bekam ich einen Mann zu sehen, den der Bischof von Soissons bei der Firmung Germain getauft hatte und den alle Einwohner bis in sein zweiundzwanzigstes Jahr als ein Mädchen namens Marie gesehen und gekannt haben. Zur Zeit, als ich ihn sah, war er sehr bärtig und alt, und unverheiratet. Bei der Anstrengung eines Sprungs, sagte er,[7] seien seine männlichen Glieder hervorgetreten: Und geht noch ein Liedchen unter den dortigen Mädchen, in dem sie sich untereinander warnen, nicht allzu weit ausgreifende Schritte zu machen, auf dass sie nicht zu Burschen würden, wie Marie Germain. Ein so großes Wunder ist es nicht, dass sich dergleichen Begebenheiten häufig zutragen; denn wenn es die Einbildungskraft in solchen Dingen vermag, ist sie so unablässig und so mächtig auf diesen Gegenstand versessen, dass sie, um nicht so oft auf einerlei Gedanken und Drangsal des Verlangens zurückzuverfallen, billiger wegkommt, wenn sie den Mädchen ein für allemal diesen männlichen Teil einverleibt.

Manche schreiben die Wundmale des Königs Dagobert und des heiligen Franz der Macht der Einbildungskraft zu. Man sagt, dass durch sie zuweilen Körper von ihrer Stelle entrückt werden; und Celsus berichtet von einem Priester, der seine Seele in eine solche Verzückung versetzte, dass sein Leib darüber lange Zeit ohne Atem und Empfindung blieb. Der heilige Augustin nennt einen andern, den man nur ein klägliches und jammervolles Geschrei hören zu lassen brauchte, und sofort wurde er ohnmächtig und geriet so ungestüm außer sich, dass man ihn lange anschreien und brüllen, ihn kneifen und brennen mochte, bis er wieder auferweckt war: Alsdann sagte er, er habe Stimmen gehört, aber wie aus weiter Ferne, und wurde seiner Brandwunden und Quetschungen gewahr. Und dass dies keine halsstarrige Verleugnung seiner Empfindungen war, erwies sich daran, dass er während dieser Zeit weder Atem noch Pulsschlag hatte.

Es ist wahrscheinlich, dass die wichtigste Stärke des Glaubens an Wunder, an Visionen, an Hexerei und dergleichen außergewöhnliche Ereignisse aus der Macht der Einbildungskraft entspringt, die hauptsächlich auf die knetbareren Seelen des einfachen Volkes wirkt. Man hat sich ihrer Gläubigkeit derart bemächtigt, dass sie zu sehen glauben, was sie nicht sehen.

Ich bin auch der Meinung, dass diese unerfreuliche Nestelknüpferei,[8] mit der unsere Leute so arg geplagt sind, dass man von nichts anderem spricht, oft nichts als eine Wirkung der Wahrnehmung und Furcht ist. Denn ich weiß aus Erfahrung, von einem, für den ich einstehen kann wie für mich selbst,[9] und auf den keinerlei Verdacht der Schwächlichkeit und ebensowenig der Behexung fallen konnte, nachdem er einem seiner Gefährten von einem Fall ganz absonderlichen Unvermögens erzählen gehört hatte, das ihn gerade im Augenblick, als diese ihm am allerungelegensten kam, befallen habe, dass bei ähnlicher Gelegenheit ein derartiger Schreck über diese Erzählung sich unversehens seiner Einbildungskraft bemächtigte, dass es ihm nicht besser erging, und von da an war er vor Rückfällen nie sicher: Denn die klägliche Erinnerung an sein Ungemach quälte und peinigte ihn. Er fand ein Heilmittel gegen diesen Unfug in einem andern Unfug. Nämlich dadurch, dass er im vornherein seine Anfechtung eingestand und beschwor, löste sich der Krampf seiner Seele, da er ja sein Versagen in Erwartung stellte und seine Verbindlichkeit, dadurch vermindert, ihn weniger ängstigte. Da es ihm danach gegeben war, es aus freiem Entschluss (unbefangenen und entspannten Geistes und in gebührender leiblicher Verfassung) mit des andern Teils Beiwissen erstlich erproben, anfassen und überrumpeln zu lassen, war er mit einem Schlage von dem Übel geheilt. Gegen wen man einmal vermögend war, ist man nie mehr unvermögend, es sei denn aus rechter Schwäche.

Dieses Ungemach ist nur bei Unternehmungen zu befürchten, in denen sich unsere Seele über alle Maßen von Verlangen und Scheu erfüllt findet, und insbesondere, wenn sich die Gelegenheiten unversehens und zur Eile drängend bieten: Man hat keine Möglichkeit, diese Verwirrung zu meistern. Ich weiß einen, dem es geholfen hat, dazu einen schon anderweitig halb befriedigten Körper mitzubringen, um die Hitze dieser Raserei zu dämpfen, und der sich mit dem Alter dadurch weniger unvermögend findet, dass er weniger vermögend ist. Und einen andern, dem es ebenfalls half, dass ein Freund ihm versicherte, er sei mit einem ganzen Zeughaus von Gegenzaubern versehen, die ihn unfehlbar beschützen würden. Ich sage besser, wie es sich verhielt. Ein Graf von sehr hohem Hause, mit dem ich nah vertraut war und der sich mit einer schönen Dame vermählte, welcher ein Teilnehmer des Hochzeitsfestes ehedem nachgestellt hatte, versetzte seine Freunde in große Besorgnis, und namentlich eine alte Verwandte, die als Gastgeberin den Vorsitz beim Hochzeitsmahl führte und die sich, wie sie mir zu verstehen gab, heftig vor solchen Behexungen ängstigte. Ich bat sie, sich auf mich zu verlassen. Ich hatte zufällig in meinem Gepäck ein kleines flaches Goldstück, darauf einige Himmelszeichen eingeprägt waren, gegen den Sonnenstich und um das Kopfweh zu vertreiben: indem man es genau über der Schädelnaht auf den Kopf legte; und um es dort festzuhalten, war es an ein Band genäht, das unter dem Kinn geknüpft werden konnte. Eine Torheit ähnlich jener, von der hier die Rede ist. Jacques Peletier hatte mir dieses seltsame Geschenk gemacht. Ich verfiel auf den Gedanken, daraus nun einen Nutzen zu ziehen, und sagte dem Grafen, dass ihm das gleiche Ungemach widerfahren könnte wie jedem andern; denn es seien Leute da, die ihm einen Schabernack spielen möchten; aber er möge sich nur kühn hinlegen; ich würde ihm einen Freundschaftsdienst leisten und mich notfalls für ihn ein Wunder nicht reuen lassen, das in meiner Macht stünde, unter der Bedingung, dass er mir auf seine Ehre verspreche, das Geheimnis unverbrüchlich zu bewahren; er habe nur, wenn man ihm in der Nacht den Weckschmaus auftragen komme und es ihm übel ergangen sei, mir ein gewisses Zeichen zu geben. Er hatte das Herz und die Ohren so voll, dass er sich wirklich in der Drangsal seiner Einbildungkraft verfangen fand, und gab mir das verabredete Zeichen. Da sagte ich ihm, er solle sich unter dem Vorwand, uns zu vertreiben, erheben und wie im Spiel das Nachtgewand an sich nehmen, das ich auf mir trug (wir waren von sehr ähnlichem Wuchs) und es anziehen, bis er mein Rezept ausgeführt hätte, das da lautete: Wenn wir wieder draußen seien, solle er sich zurückziehen, um sein Wasser abzuschlagen; dreimal diesen Spruch sagen und jene Gebärde tun; bei jedem der drei Male sich mit dem Band gürten, das ich ihm in die Hand gab, und wohl darauf achten, dass die daran befestigte Münze auf seine Hoden zu liegen komme, die Zeichen in solcher Stellung; so getan, das Band wohl geknüpft, dass es sich weder lösen noch von der Stelle verrücken könne, möge er getrost ans Werk zurückkehren und nicht vergessen, mein Nachtgewand so über sein Bett zu werfen, dass es sie beide decke. Diese Gaukeleien sind der Hauptteil der Wirkung, da unser Geist sich nicht darein finden kann, dass solch krause Mittel nicht aus irgendwelcher absonderlicher Wissenschaft stammten. Ihr Aberwitz gibt ihnen Gewicht und Ansehen. Kurzum, es steht fest, dass meine Himmelszeichen sich mehr der Venus als der Sonne zugeordnet fanden, und mehr tatenfördernd als verhindernd. Es war eine plötzliche und wunderliche Laune, die mich zu diesem meiner Natur fernliegenden Tun anstachelte. Ich bin den spitzfindigen und spiegelfechterischen Handlungen feind und hasse die Verschlagenheit, auch wenn sie sich in meinen Händen nicht nur belustigend, sondern nutzbringend erweist. Wenn die Handlung nicht lästerlich ist, der Weg ist es.

Amasis, König von Ägypten, vermählte sich mit Laodice, einem sehr schönen griechischen Mädchen. Und er, der sich überall sonst als ihr edler Begleiter zeigte, fand sich in der Lage wieder, seine Lust an ihr nicht vollends genießen zu können, und drohte ihr, sie zu töten, denn er meinte, es handele sich um eine Hexerei. Wie bei diesen Dingen, die in der Phantasie begründet liegen, verwies sie ihn auf die Frömmigkeit, und, nachdem er Venus seine Gelübde und Versprechungen dargebracht hatte, fand er sich schon in der ersten Nacht nach seinen Gaben und Opfern göttlich wiederhergestellt.

Sie[10] aber haben unrecht, wenn sie uns in dieser aufgesetzten, streitbaren und sich entziehenden Haltung empfangen, die uns erlöschen lässt, indem sie uns entfacht. Die Schwiegertochter des Pythagoras sagte, die Frau, die sich mit dem Mann niederlege, müsse mit dem Rock zugleich die Schamhaftigkeit ablegen und sie mit dem Unterkleid wieder annehmen. Die Seele des Heranstürmenden, die durch mehrere unterschiedliche Alarmzeichen verunsichert ist, verliert sich leicht. Und demjenigen, den die Einbildungskraft einmal diese Schande angetan hat (und sie lässt ihn nur bei den ersten Annäherungen dies erleiden, da sie hitziger und heftiger sind, und weil man auch bei diesem ersten Erkennen viel mehr fürchtet, zu versagen), gerät so, weil er schlecht begonnen hat, in ein Fieber und in Verdruss über dieses Geschehnis, das ihn auch bei den nächsten Gelegenheiten begleitet.

Den Verheirateten gehört die Zeit, sie sollten nichts überstürzen und ihr Vorhaben nur dann versuchen, wenn sie bereit sind; und wenn man voller Aufregung und Fieber ist, in unschicklicher Weise dabei zu versagen, das Brautbett einzuweihen, dann ist es besser, und auf die eine oder andere bequemere Stunde zu warten, in der man ruhiger und weniger alarmiert ist, als aufgrund des Schreckens und der Verzweiflung bei der ersten Verweigerung in ein immerwährendes Elend zu verfallen. Bevor er seinen Besitz einnimmt, sollte sich der Erleidende in sprunghaften Angriffen und verschiedene Male leicht versuchen und sich anbieten, ohne sich anzustacheln und darauf zu versteifen, sich selbst von sich und seinen Kräften endgültig zu überzeugen. Diejenigen, die wissen, dass ihre Glieder von Natur aus fügsam sind, mögen lediglich Sorge tragen, ihre Phantasie mit einem Gegenmittel abzulenken.

Man hat recht, die ungezogene Frechheit dieses Gliedes zu rügen, das sich oft zur Unzeit vordrängt, wenn wir keinen Gebrauch dafür haben, und ebenso unzeitig versagt, wenn wir seiner am meisten bedürfen, und so vorlaut unserem Willen die Herrschaft streitig macht und mit so viel Trotz und Eigensinn unseres innerlichen wie unseres handgreiflichen Andringens spottet. Wenn indessen seine Unbotmäßigkeit getadelt und daraus der Schuldbeweis für seine Aburteilung gezogen werden sollte, hätte es mich als Anwalt, der für seine Sache ein Plädoyer hält, gewonnen: So möchte ich wohl unsere anderen Glieder, seine Gefährten, in Verdacht bringen, dass sie ihm aus gelbem Neide über die Gewichtigkeit und Lieblichkeit seiner Dienste diesen aufgelegten Streit vom Zaun gebrochen und sich verschworen haben könnten, die Welt gegen es aufzubringen, indem sie ihm arglistig ihrer aller Fehler aufbürdeten. Denn ich gebe euch zu bedenken, ob es wohl einen einzigen Teil unseres Körpers gibt, der nicht oft unserem Willen seinen Dienst versagt, und der ihn stattdessen nicht oft wider unseren Willen verrichtet? Sie haben alle ihre eigenen Leidenschaften, die sie ohne unser Einvernehmen aufwecken oder einschläfern. Wie oft enthüllen die unwillkürlichen Bewegungen unserer Gesichtszüge die Gedanken, die wir geheim hielten, und verraten uns den Anwesenden! Diese gleiche Ursache, die dieses Glied rege macht, belebt auch ohne unser Wissen das Herz, die Lungen und den Puls. Der Anblick eines anmutigen Wesens verbreitet unmerklich in uns die Flamme einer fieberhaften Bewegung. Sind es nur diese Muskeln und diese Blutgefäße, die sich ohne Geheiß nicht allein unseres Willens, sondern selbst unserer Gedanken aufrichten und niederlegen? Wir gebieten unserem Haar nicht, sich zu sträuben; noch unserer Haut, vor Furcht oder Begierde zu schaudern. Die Hand fährt oft dahin, wo wir sie nicht hinbefehlen. Die Zunge erstarrt und die Stimme erstirbt zu ihrer Zeit. Selbst dann, wenn wir nichts zu beißen haben und es ihr gern verbieten mochten, lässt es sich die Ess- und Trinklust nicht verwehren, die ihr zuständigen Eingeweide aufzuwiegeln, nicht mehr und nicht weniger als jenes andere Gelusten, und ebenso verlässt sie uns zur Unzeit, wann es ihr gefällt. Die Organe, die zur Entladung des Bauches dienen, erweitern sich und ziehen sich zusammen nach eigenem Gutdünken, ohne und wider unsere Vorschrift, so gut wie jene, die zur Entleerung der Nieren bestimmt sind. Und was der heilige Augustin anführt,[11] um die unbegrenzte Herrschaft unseres Willens zu erhärten, dass er nämlich jemand gesehen habe, der seinem Hintern gebieten konnte, so oft zu erbrausen, als er es verlangte, und was Vives, sein Kommentator, mit einem andern Exempel aus seiner Zeit übertrumpft, von Furzen, die orgelgleich auf den Ton der Strophen abgestimmt waren, die man ihnen angab, setzt ebenso wenig einen unbedingten Gehorsam dieses Körperteils voraus. Denn gibt es in der Regel wohl einen vorlauteren und radaulustigeren? Hinzugenommen, dass ich einen so ungebärdigen und widerspenstigen kenne, dass er seinen Herrn seit vierzig Jahren in einem Atem mit unablässigem und gnadenlosem Zwang erdröhnen lässt und ihn so ins Grab bringt. Und gefiele es Gott, ich wüsste es nur aus Geschichten, wie oft unser Bauch um der Verklemmung eines einzigen Blasens willen uns bis an die Pforten eines sehr qualvollen Todes führt; und dass uns der Kaiser, der uns die Freiheit verlieh, allenthalben unsern Wind fahren zu lassen, doch auch das Vermögen dazu gegeben hätte.

Aber unser Wille, für dessen Rechte wir hier diese Klage führen, mit wieviel besserem Grund können wir nicht ihn wegen seiner Ausschweifung und seiner Unbotmäßigkeit der Meuterei und des Aufruhrs bezichtigen? Will er immer, wie wir gern wollten, dass er wollte? Will er nicht oft das, was wir ihm zu wollen verbieten, und das zu unserem offensichtlichen Nachteil? Lässt er sich etwa williger vom Ratschluss der Vernunft leiten? Schließlich würde ich für Monsieur meine Partei[12] anführen, dass es gefallen möge, in

Erwägung zu ziehen, dass in diesem Fall seine Sache untrennbar mit einem Mitgesellen verbunden ist und man sich unterschiedslos aber nur an den einen wendet, und zwar mit Argumenten und Beweisen solcher Art, dass, wenn man die Lage der Parteien bedenkt, sie in keinem Fall nur dem einen genannten Mitgesellen gehören und betreffen können. Woran man ganz offensichtlich die Feindseligkeit und die Ungerechtigkeit der Ankläger erkennen kann. Wie dem übrigens sei, ungeachtet allen Gezänks und Urteilens der Anwälte und der Richter wird die Natur ihren Gang weitergehen: Die nur recht getan hätte, wenn sie diesem Glied, das der Urheber des einzigen unsterblichen Werkes der Sterblichen ist, besondere Vorrechte verliehen hätte. Ist doch für Sokrates die Zeugung ein göttliches Werk, und die Liebe Verlangen nach Unsterblichkeit und selbst schon unsterblicher Daimon.[13]

So lässt zuweilen einer durch die Wirkung der Einbildungskraft seinen Kropf[14] bei uns zurück, indessen sein Gefährte ihn wieder nach Spanien mitnimmt. Deswegen pflegt man auch bei solchen Dingen eine wohl vorbereitete Seele zu verlangen. Wozu sonst versuchen die Ärzte im Voraus das Vertrauen ihres Kranken mit so viel falschen Versprechungen seiner Genesung zu erlangen, wenn nicht, damit die Wirkung der Einbildungskraft für den Humbug ihrer Tränklein einspringe. Sie wissen, was ihnen ein Meister ihres Gewerbes schriftlich hinterlassen hat, dass es Menschen gab, an denen der bloße Anblick der Arznei schon die Heilung bewirkte.

Und diese ganze Narretei ist mir eben über der Erzählung eines Hausapothekers meines seligen Vaters beigefallen, eines schlichten Mannes und Schweizers, welche Nation nicht eben eitel und lügenhaft ist. Er habe lange Zeit einen kränklichen und gallensteinigen Kaufmann zu Toulouse gekannt, der oft Klistiere benötigte; und ließ sie sich unterschiedlich von den Ärzten verschreiben, je nach den Umständen seines Übels. Wurden sie dann hergebracht, so ließ er nichts von den üblichen Veranstaltungen fehlen; und befühlte sie oft, ob sie nicht zu heiß wären. Da lag er nun der Länge nach, und alles zum Empfang bereitet, nur dass dabei keine Einspritzung vorging. Wenn sich der Apotheker nach dieser Zeremonie zurückgezogen hatte und der Kranke so behandelt war, als hätte er wirklich das Klistier empfangen, so spürte er auch dieselbe Wirkung wie jene, die es nehmen. Und wenn der Arzt die Wirkung nicht hinlänglich fand, verordnete er ihm noch zwei oder drei andere in der gleichen Art und Weise. Mein Zeuge schwört, dass die Frau des Kranken, um die Kosten zu ersparen (denn er bezahlte sie, als ob er sie genommen hätte), zuweilen versucht hatte, nur laues Wasser hineinfüllen zu lassen, dass aber die Wirkung jedesmal den Betrug verriet und man, nachdem man diese unnütz befunden, zum ursprünglichen Verfahren zurückkehren musste.

Eine Frau, die dachte, eine Stecknadel im Brot verschluckt zu haben, schrie und quälte sich wegen der unerträglichen Schmerzen, die sie im Hals an der Stelle verspürte, wo sie dachte, dass die Nadel steckengeblieben sei. Aber weil keine Schwellung und auch sonst keine Veränderung von außen zu sehen war, kam ein geschickter Mann zu dem Urteil, dass es nichts weiter als Phantasie und Meinung sei, hervorgerufen von einem Stück zu sich genommenen Brotes, das sie beim Hinuntergleiten in der Kehle gepiekt hatte; er gab ihr ein Brechmittel und warf heimlich eine gekrümmte Stecknadel in das Erbrochene. Die Frau, die meinte, sie nun ausgebrochen zu haben, fühlte sich plötzlich von ihrem Schmerz befreit. Ich weiß, dass ein Edelmann, der eine gute

Gesellschaft in seinem Hause bewirtet hatte, sich drei oder vier Tage danach im Spaß (denn es war nichts daran) brüstete, er habe sie eine Katzenpastete essen lassen; worüber ein Fräulein von den Gästen einen solchen Abscheu fasste, dass sie davon in schwere Magenkrämpfe und Fieber fiel und es nicht mehr möglich war, sie zu retten. Die Tiere selbst sind wie wir der Macht der Einbildungskraft unterworfen. Davon zeugen die Hunde, die sich vor Gram über den Tod ihrer Herren sterben legen. Wir sehen sie auch im Traume jappen und zucken, und die Pferde wiehern und um sich schlagen.

Doch all das kann der engen Verknüpfung von Geist und Körper zugeschrieben werden, die sich gegenseitig mitteilen, was ihnen widerfährt. Ein anderes ist es, dass die Einbildungskraft manchmal nicht nur auf ihren eigenen, sondern auf die Körper anderer wirkt. Und ebenso wie ein Körper sein Übel auf seinen Nachbarn wirft, wie bei der Pest, den Blattern und Augenkrankheiten zu sehen, die sich von einem auf den andern übertragen:

> Wenn unsere Augen wunde Augen betrachten, werden sie selber krank,
> und so befällt vielerlei den Körper durch Übertragung,[15]

so schleudert auch die Einbildungskraft, wenn sie heftig erschüttert wird, Pfeile aus, die einen fremden Gegenstand zu verletzen vermögen. Die Alten glaubten von gewissen Frauen in Skythien, dass sie, wenn sie gegen jemand erregt und wutentbrannt waren, ihn mit ihrem bloßen Blick töteten. Die Schildkröten und Strauße brüten ihre Eier durch bloßes Anschauen aus, ein Zeichen, dass sie eine ausstrahlende Kraft darin haben. Und von den Verhexenden sagt man, dass sie einen schadenstiftenden bösen Blick haben,

> Ich weiß nicht, welch Aug meine sanften Lämmer behext.[16]

Für mich sind sie schlechte Gewährsleute, die Magier. Immerhin sehen wir aus Erfahrung, dass die Frauen den Kindern, die sie im Leibe tragen, zuweilen die Merkmale ihrer Schwärmereien einprägen, wie jene bezeugt, die den Mohren gebar. Dem Kaiser Karl, König von Böhmen, wurde ein Mädchen aus der Gegend von Pisa gezeigt, das ganz behaart und struppig war und das seine Mutter wegen eines Bildes des heiligen Johannes des Täufers, das über ihrem Bett hing, so empfangen zu haben versicherte. Mit den Tieren geht es ebenso, wie die Schafe Jakobs[17] und die Feldhühner und Hasen bezeugen, die der Schnee im Gebirge weiß bleicht. Man sah letzthin bei mir eine Katze, die einen Vogel auf einem Baume belauerte, und da sich beide eine Zeitlang starr ins Auge gefasst hatten, ließ sich der Vogel wie tot in die Krallen der Katze fallen, oder von seiner eigenen Einbildungskraft betäubt oder von einer magnetischen Kraft der Katze angezogen. Wer die Beizjagd liebt, wird von dem Falkner erzählen gehört haben, der seine Augen unverwandt auf einen Milan in der Luft heftete und wettete, ihn durch die bloße Kraft seines Blickes herunterzuholen: und es auch tat, wie man sagt. Denn die Geschichten, die ich mir borge, lade ich auf das Gewissen derer, von denen ich sie nehme.

Die Reden sind mir zuzuschreiben, und stehen auf Gründen der Vernunft, nicht der Erfahrung;[18] jeder kann seine Beispiele hinzutun, und wer keine hat, soll nicht glauben, dass es daran fehle, in Anbetracht der Zahl und Mannigfaltigkeit der Ereignisse. Wenn ich nicht gut glossiere, so glossiere ein anderer für mich.

So dienen auch bei den Betrachtungen, die ich über unsere Sitten und unser Benehmen anstelle, die fabelhaften Zeugnisse, sofern sie nur als möglich erscheinen, ebenso wie die wahrhaftigen. Geschehen oder nicht geschehen, zu Paris oder zu Rom, dem Hinz oder dem Kunz, es ist immer ein Zug des menschlichen Vermögens, von dem mir diese Erzählung brauchbare Kunde gibt. Ich bemerke ihn und mache ihn mir zunutze, ob er mir als Schatten oder Körper begegnet. Und von den verschiedenen Lesarten, die eine Geschichte zuweilen hat, ziehe ich für meinen Gebrauch die ungewöhnlichste und merkwürdigste vor.

Es gibt Autoren, deren Ziel es ist, die Begebenheiten zu berichten. Das meine wäre, wenn ich es erreichen könnte, zu sagen, was sich begeben kann.[19] In den Schulen ist es mit Recht erlaubt, Ähnlichkeiten anzunehmen, wo sich keine vorfinden. So halte ich es dennoch nicht und übertreffe in diesem Punkt an abergläubischer Religion jeden historischen Glauben. Bei den Beispielen, die ich hier herbeiziehe, aus allem, was ich gehört, getan oder gesagt habe, nehme ich mir nicht heraus, auch nur die geringfügigsten und unnützesten Umstände zu ändern. Mein Gewissen verdreht daran kein Jota; mein Wissen – das weiß ich nicht. In diesem Betracht verfalle ich manchmal in den Gedanken, dass es einem Theologen, einem Philosophen und dergleichen Leuten von erlesener und exakter Gewissenhaftigkeit und Behutsamkeit recht gut ansteht, Geschichte zu schreiben. Wie können sie mit ihrem guten Glauben für einen Volksglauben einstehen? Wie für die Gedanken unbekannter Menschen bürgen und ihre Konjekturen für bare Münze ausgeben? Von verwickelten Handlungen, die in ihrer Gegenwart vorfallen, würden sie sich vor Gericht unter Eid Zeugnis abzulegen weigern: Und kein Mensch ist ihnen vertraut genug, dass sie sich unterfingen, sich rundweg für seine Absichten zu verbürgen. Ich halte es für weniger verfänglich, vergangene Dinge zu berichten als gegenwärtige, zumal der Schriftsteller sich nur für eine geborgte Wahrheit zu verantwortenhat. Einige wollen mich bewegen, über die Begebenheiten meiner Zeit zu schreiben, weil sie dafür halten, ich sehe sie mit von Leidenschaft weniger geblendeten Augen als andere, und aus größerer Nähe, weil mir das Schicksal Zutritt zu den Häuptern der verschiedenen Parteien verschaffte. Aber sie sagen nicht, dass ich mir um allen Ruhm des Sallust nicht diese Mühe nehmen wollte, als geschworener Feind der Verpflichtungen, der Emsigkeit und der Ausdauer; dass nichts meinem Stil so gegensätzlich ist wie eine langwierige Erzählung: Ich unterbreche mich so häufig, weil mir der Atem ausgeht; ich habe weder Komposition noch Gedankenführung, die etwas taugt, unwissender als ein Kind in Redensarten und Wendungen, die zum alltäglichsten Gebrauche dienen; gleichwohl habe ich mich daran gemacht, das zu sagen, was ich zu sagen weiß, indem ich den Stoff nach meinen Kräften zurichte; nähme ich jemand zum Führer, so könnte vielleicht mein Maß nicht an das seine reichen; und da meine Freiheit so frei ist, hätte ich wohl gar Urteile verbreitet, die nach meiner eigenen Ansicht und nach aller Vernunft unerlaubt und sträflich gewesen wären. Plutarch würde wohl über sein Werk sagen, es sei das Werk anderer, ob seine Exempel alle und in allen Stücken wahrhaftig seien, aber dass sie für die Nachwelt nützlich und in einem Lichte vorgestellt seien, das uns zur Tugend leuchtet, das sei sein Werk. Es ist bei einer alten Geschichte nicht so folgenschwer wie bei einem medizinischen Heiltrank, ob sie nun so oder so beschaffen sei.

Von den Hinkenden

Vor zwei oder drei Jahren hat man das Jahr in Frankreich um zehn Tage verkürzt.[1] Was sollte sich nicht alles durch diese Reform verändern! Es schien förmlich so, als würden Himmel und Erde zugleich in Bewegung geraten. Aber nichts hat sich von seinem angestammten Platz bewegt: Meine Nachbarn wählen den richtigen Zeitpunkt für ihre Aussaaten und für ihre Ernte, den günstigen Moment für ihre Geschäfte, sie finden die unglücklichen und die glücklichen Tage genau an der Stelle wieder, die sie ihnen von jeher zugewiesen hatten. Weder spürte man den Irrtum in unseren alten Gepflogenheiten, noch spürt man darin eine Verbesserung. So viel Ungewissheit ist in allen Dingen, so grobschlächtig, dunkel und stumpf ist unser Wahrnehmungsvermögen. Man sagt, diese kalendarische Einstellung hätte sich auf eine weniger unannehmliche Weise durchführen lassen: Durch Streichung – nach dem Beispiel des Augustus – des Schalttages für einige Jahre, welcher ohnehin ein Tag der Verlegenheit und der Unruhe ist, bis es gelungen wäre, die zeitliche Abweichung genau auszugleichen (was man selbst mit dieser jetzigen Korrektur nicht erreicht hat, wir sind noch mit einigen Tagen in Rückstand). Und auch hätte man auf diese Weise bereits für die Zukunft vorsorgen können, indem man vorschriebe, dass nach dem Umlauf von soundsovielen Jahren dieser zusätzliche Tag immer wegfallen würde, so dass unsere Fehlrechnung zukünftig 24 Stunden nicht überschreiten würde. Wir haben keine andere Zeitrechnung als die der Jahre. Seit so vielen Jahrhunderten wendet die Menschheit sie an; und doch ist es ein

Maß, das wir noch nicht genau festlegen konnten; und so denken wir alle Tage darüber nach, welche unterschiedlichen Definitionen ihm die anderen Nationen gegeben haben und wie sie es gebrauchten. Was aber – so sagen andere –, wenn die Himmel, die alt werden, sich uns gegenüber zusammenziehen und uns sogar die Stunden und Tage in Ungewissheit stürzen? Und die Monate – wie Plutarch sagt –, obgleich zu seiner Zeit die Astrologie noch nicht den Umlauf des Mondes zu bestimmen wusste? Da sieht es schlecht aus, wenn wir ein Register[2] der vergangenen Dinge anlegen wollen.

Ich grübelte eben, wie ich es oft tue, darüber nach, welch ein ungefüges und unsicheres Werkzeug doch die menschliche Vernunft ist. Ich sehe gemeinhin, dass die Menschen sich bei den Tatsachen, die man ihnen vorlegt, lieber damit aufhalten, nach ihrem Grund als nach dem wahren Sachverhalt zu suchen. Sie lassen die Sachen fahren und stürzen sich voll Eifer auf die Ursachen. *Plaisans causeurs!*[3] Die Kenntnis der Ursachen gehört dem allein, der über den Sachen waltet, nicht uns, die wir sie leidend empfangen und unserer Natur gemäß uns ihrer voll und unverkürzt bedienen können, ohne Einblick in ihren Ursprung und ihr Wesen zu haben. Auch ist der Wein einem Menschen nicht schmackhafter, der über seine ersten Bestimmungen Bescheid weiß. Im Gegenteil: Der Leib sowohl wie die Seele brechen und übertreten ihre Befugnis zur Nutzung der Erde, wenn sie die Meinung der Wissenschaft dareinmengen. Das Erkennen und das Wissen, wie das Geben, gehört dem Herrn und Meister; den Untergebenen, Dienern und Lehrlingen gebührt das Genießen und Hinnehmen.

Kehren wir zu unserer Gewohnheit zurück. Sie[4] gehen über die Tatsachen weg, aber sie untersuchen begierig die

Folgerungen. Gewöhnlich fangen sie damit an: Wie kommt es, dass das geschieht? – Aber geschieht es denn? sollte man fragen. Unser Denken ist imstande, hundert andere Welten aufzubauen, ihre Anfangsgründe und ihr Gefüge zu entdecken. Es bedarf dazu weder Baustoffs noch Grundlage; lasst es nur laufen: Es baut ebenso gut auf dem Leeren wie auf dem Vollen, und aus dem Nichts wie aus dem Vorhandenen,

> fähig, dem Dunst Gewicht zu verleihen.[5]

Ich finde fast überall, dass man sagen sollte: Es ist nichts daran; und ich würde oft gern diese Antwort gebrauchen; aber ich wage es nicht, denn da schreien sie, das sei eine Niederlage, die aus Geistesschwäche und Unwissenheit entspringe. Und gewöhnlich muss ich bei dem Gaukelspiel aus Geselligkeit mithalten und nichtige Gegenstände und Geschichten erörtern, von denen ich kein Wort glaube. Wozu kommt, dass es wirklich ein wenig schroff und zänkisch ist, so gerade heraus eine behauptete Tatsache zu bestreiten. Und wenige Leute verfehlen, besonders bei Dingen, die schwer weiszumachen sind, zu versichern, dass sie es mit eigenen Augen gesehen haben, oder Zeugen anzuführen, deren Ansehen unserem Widerspruch Schweigen gebietet. Gemäß dieser Gewohnheit kennen wir die Gründe und Ursachen von tausend Dingen, die es gar nie gegeben hat, und schlägt sich die Welt mit tausend Fragen herum, bei denen das Für und das Wider gleich falsch sind. «Das Falsche kommt dem Wahren so nahe, dass sich der Weise nicht in Gefahr wagen darf.»[6] Die Wahrheit und die Lüge haben ähnliches Gesicht, gleichen Gang, Geschmack und Gehaben, wir betrachten sie mit denselben Augen. Ich finde, dass wir uns nicht nur zaghaft gegen die Gaukelei verteidigen, sondern dass wir danach suchen und gieren, uns darin fangen zu lassen. Wir lieben es, uns in Eitelkeiten zu verstricken; denn sie sind uns wesensgemäß.

Ich habe die Entstehung etlicher Wunder meiner Zeit gesehen. Auch wenn sie schon bei der Geburt ersticken, können wir doch unschwer den Aufschwung voraussehen, den sie genommen hätten, wenn sie nur zu Jahren gekommen wären. Denn man braucht nur den Anfang des Zwirns zu finden, und man kann ihn abhaspeln, so lang man will. Und es ist ein weiterer Weg vom Nichts zum winzigsten Etwas als von da zur größten Sache der Welt. Wenn nun aber die ersten, die sich mit diesem Anfang von Wunderlichkeit getränkt haben, ihre Geschichte auszustreuen beginnen, spüren sie aus den gegen sie erhobenen Einwänden, wo die Schwierigkeit liegt, sie an den Mann zu bringen, und stopfen diese schwache Stelle mit irgendeinem falschen Stück. Abgesehen davon, dass wir, «mit der den Menschen innewohnenden Lust, den Gerüchten eifrig neue Nahrung zu geben»,[7] uns auch natürlicherweise ein Gewissen daraus machen, was man uns geliehen hat, nicht ohne Zinsen und ohne eigenes Hinzutun weiterzugeben. Erst zeugt der Irrtum eines Einzelnen den Irrtum aller, und dann führt der allgemeine Irrtum den Einzelnen in die Irre. So bildet sich dieses ganze Gebäude, zu dem jeder sein Steinchen und Scherflein hinzutut: dergestalt, dass der entfernteste Zeuge davon näher unterrichtet ist als der nächste, und der zuletzt Unterrichtete fester überzeugt als der erste. Es ist ein natürliches Fortschreiten. Denn wer immer etwas glaubt, hält es für ein Werk der Nächstenliebe, einen andern davon zu überzeugen; und zu diesem Zweck scheut er sich nicht, von seiner eigenen Erfindung hinzuzutun, so viel ihm seiner Geschichte notzutun scheint, um den Widerstand oder die

Lücke zu überwinden, die er im Fassungsvermögen des andern vermutet.

Ich selber, der ich mir ein sonderbares Gewissen daraus mache, zu lügen, und nicht sehr darauf aus bin, dem, was ich sage, Glauben und Ansehen zu verschaffen, bemerke dennoch, wie ich bei Geschichten, die ich gerade vortrage, wenn ich durch fremden Widerspruch oder durch die Hitze meiner eigenen Erzählung ins Feuer gerate, meinen Gegenstand durch Stimmaufwand, Gebärden, Kraft und Nachdruck der Worte und auch durch Ausschmückung und Übertreibung aufbausche und aufblähe, nicht ohne Schaden für die schlichte Wahrheit. Aber ich tue es immerhin mit dieser Einschränkung, dass ich vor dem ersten, der mich zur Besinnung bringt und mich um die nackte und einfältige Wahrheit befragt, sogleich die Waffen strecke und sie ihm ohne Aufbauschung, ohne Schwulst und ohne Schnörkel gebe. Die lebhafte und laute Rede, wie die meine gewöhnlich ist, gerät leicht ins Überschwängliche.

Es gibt nichts, worauf die Menschen gemeinhin so sehr erpicht wären, wie ihren Meinungen Eingang zu verschaffen: Wo die gewöhnlichen Mittel versagen, da nehmen wir Zuflucht zum Zwang, zur Gewalt, zu Feuer und Schwert. Es ist ein Unglück, so weit gekommen zu sein, dass als der beste Prüfstein der Wahrheit die Menge der Gläubigen gilt, in einem Gewimmel, in dem die Zahl der Narren die der Weisen um ein so Vielfaches übertrifft. «Als ob etwas so sehr gemein wäre, als unverständig zu urteilen.»[8] «Der Haufe der Toren ist die Gewähr der Vernunft.»[9] Es ist eine schwierige Sache, sich sein Urteil gegen die allgemeinen Meinungen zu bilden. Der erste Wahn, der aus dem Anstoß selber entspringt, ergreift die Einfältigen; von da breitet er sich kraft der Zahl und des Alters der Zeugnisse auf die Gewitzigten aus. Ich für mein Teil würde, was ich einem nicht glaubte, auch hundertundeinem nicht glauben, und beurteile die Meinungen nicht nach der Zahl ihrer Jahre.

Nur wenig Zeit ist vergangen, seitdem einer unserer Fürsten, den die Gicht sein schönes Naturell und seine einnehmende Gestalt hatte verlieren lassen, sich so stark vom Bericht über die wundersamen Handlungen eines Priesters, der durch Worte und Gebärden alle Krankheiten heilte, überzeugen ließ, dass er eine lange Reise unternahm, um ihn zu treffen. Und durch die Macht der Phantasie überredete dieser ihn und ließ seine Beine für mehrere Stunden einschlafen, so dass er sie wieder gebrauchen konnte, was sie ihm schon lange Zeit nicht mehr gestattet hatten. Wenn der Zufall fünf oder sechs solche Vorfälle hätte zusammenkommen lassen, so wären sie fähig gewesen, dieses Wunder in die Natur zu setzen. Man fand nachher so viel Schlichtheit und so wenig Kunst im Architekten dieser Werke,[10] dass man ihn keiner Strafe für würdig befand. So würde man es mit den meisten dieser Dinge halten, erkundete man sie an ihrem wahren Platz. «Wir bewundern Dinge, die aus der Entfernung täuschen.»[11] Unser Sehen stellt so oft von weitem seltsame Bilder vor, die sich verflüchtigen, wenn man näher kommt. «Niemals erfährt man eine Sache nach allen Umständen.»[12]

Es ist staunenswert, aus wie eitlen Anfängen und nichtigen Ursachen gewöhnlich so vielbeschrieene Eindrücke entstehen. Gerade das behindert ihre Untersuchung. Denn während man nach starken und gewichtigen Ursachen und Beweggründen sucht, die eines so großen Geredes würdig wären, verliert man die wahren aus den Augen: Sie entgehen uns durch ihre Geringfügigkeit. Und in Wahrheit ist zu solchen Untersuchungen ein sehr vorsichtiger, aufmerksamer und scharfsinniger Nachforscher vonnöten, und ein unvoreingenommener Geist. Bis auf diese Stunde lassen sich all diese Wunder und seltsamen Begebenheiten vor mir nicht blicken. Ich habe auf dieser Welt noch kein handgreiflicheres Ungeheuer und Wunderding gesehen als mich selbst. Mit der Zeit und Gewohnheit macht man sich mit allem Befremdlichen vertraut; doch je mehr ich mit mir umgehe und mich kennenlerne, desto mehr verwundert mich meine Ungestalt, desto weniger kenne ich mich in mir aus.

Die Entstehung und Verbreitung solcher Begebenheiten ist vornehmlich das Werk des Zufalls. Als ich vorgestern durch ein Dorf kam, das zwei Meilen von meinem Hause liegt, fand ich den Ort noch brühwarm erregt von einem Wunder, das da soeben in die Brüche gegangen war, nachdem es die Nachbarschaft etliche Monate lang in Atem gehalten hatte und schon die benachbarten Provinzen darüber in Aufregung zu geraten und in hellen Haufen von Leuten jedes Standes herbeizuströmen begannen. Ein junger Mensch des Orts hatte sich eines Nachts damit ergötzt, in seinem Hause eine Geisterstimme zu äffen, ohne dabei Schlimmeres im Schilde zu führen, als einen kurzweiligen Schabernack zu treiben. Da es ihm über Erwarten gut glückte, zog er, um seine Posse reichlicher auszustatten, ein Mädchen aus dem Dorfe ins Spiel, ein stockdummes und einfältiges Ding; und am Ende waren sie zu dritt, von gleichem Alter und gleichem Unverstand; und von häuslichen Bußpredigten kamen sie zu öffentlichen Bußpredigten, versteckten sich unter dem Altar der Kirche, ließen sich nur bei Nacht hören und verboten, Licht herbeizubringen. Von Worten, die auf die Bekehrung der Welt und Ankündigung des Jüngsten Tages hinausliefen (denn das sind Dinge, deren ehrfurchtgebietende Hoheit dem Lug und Trug am leichtesten zum Deckmantel dient), gingen sie zu einigen Erscheinungen und Poltereien über, derart einfältig und lächerlich, wie es so plump kaum im Spiel kleiner Kinder zu finden wäre. Hätte ihnen indessen das Glück dabei nur ein wenig Vorschub leisten wollen, wer weiß, bis zu welchem Ausmaß dieser Unfug gediehen wäre? Jetzt sitzen diese armen Teufel im Gefängnis und werden vermutlich für die allgemeine Dummheit büßen müssen; und ich weiß nicht, ob nicht irgendein Richter sie für seine höchsteigene entgelten lassen wird. Man sieht in dieser Geschichte klar, weil sie aufgedeckt ist; aber in vielen Dingen ähnlichen Schlages, die unsere Kenntnisse übersteigen, bin ich der Meinung, dass wir besser mit unserem Urteil zurückhalten und sie weder in Abrede stellen noch für wahr nehmen.

Es entsteht viel Betrug in der Welt, oder, um es unverblümter zu sagen, aller Betrug der Welt entsteht daraus, dass man uns lehrt, das Eingeständnis unserer Unwissenheit zu scheuen, und wir darum wohl oder übel alles annehmen, was wir nicht widerlegen können. Wir reden von allen Dingen im Ton des Lehrsatzes und der Entschiedenheit. Der römische Kanzleistil verlangte, dass selbst das, was ein Zeuge mit eigenen Augen gesehen zu haben aussagte und was ein Richter nach seinem sichersten Wissen erkannte, in diese Form der Rede gefasst werde: Mir scheint.[13] Man macht mir das Wahrscheinliche verhasst, wenn man es mir als unfehlbar hinstellt. Ich liebe diese Redeweisen, welche die Verwegenheit unserer Behauptungen mildern und abschwächen: Vielleicht, Gewissermaßen, Ein wenig, Man sagt, Ich glaube und dergleichen mehr. Und hätte ich Kinder zu erziehen gehabt, ich hätte ihnen so lange diese erfragende, nichtschließende Art der Erwiderung eingepaukt: Was will das besagen?, Ich verstehe das nicht, Es könnte sein, Ist es möglich?, dass sie eher noch mit sechzig Jahren das Gehaben von Schülern bewahrt hätten, als mit zehn Jahren die Lehrmeister zu spielen, wie sie es tun. Wer von der Unwissenheit genesen will, muss sie bekennen. Iris ist die Tochter des Thaumas.[14] Das Staunen ist die Grundlage aller Philosophie, das Forschen ihr Fortschritt, die Unwissenheit ihr Ende. Jawohl, es gibt eine starke und hochherzige Unwissenheit, die an Würde und Kühnheit der Wissenschaft nicht nachsteht, eine Unwissenheit, die zu erfassen es nicht geringerer Wissenschaft bedarf als zur Erfassung der Wissenschaft selbst.

Ich habe in meiner Jugend ein Rechtsverfahren über einen sonderbaren Fall gesehen, das Coras, Parlamentsrat zu Toulouse, drucken ließ: der Fall zweier Männer, deren einer sich für den andern ausgab.[15] Wie ich mich erinnere (und ich erinnere mich auch an nichts anderes), schien es mir, er habe das Lügengewebe dessen, den er schuldig sprach, so weit alle Glaubhaftigkeit und all unsere und seine, des Richters, Begriffe überschreiten lassen, dass ich viel Vermessenheit in dem Schuldspruch fand, der ihn zum Strange verurteilte. Führen wir eine Form des Urteils ein, die sagt: Der Gerichtshof versteht die Sache nicht, freimütiger und offenherziger als die Areopagiten, die, wenn sie sich in Verlegenheit über eine Sache befanden, die sie nicht zu entwirren vermochten, den Bescheid gaben, die Parteien sollten in hundert Jahren wiederkommen.

Die Hexen in meiner Nachbarschaft geraten in Lebensgefahr, wenn ein neuer Autor sich darauf verlegt, ihren Hirngespinsten einen Leib zu verleihen. Um die Zeugnisse, die uns das Wort Gottes von dergleichen Dingen vorlegt, sehr gewisse und unwidersprechliche Zeugnisse, auf unsere modernen Vorkommnisse anzuwenden und heranzuziehen, von denen wir weder wissen, woher sie entstehen, noch wie sie vor sich gehen, dazu bedarf es einer andern Einsicht als der unsern. Es steht vielleicht allein diesem allmächtigen Zeugnis zu, uns zu sagen: Dieser hier gehört dazu, und diese dort, und dieser andere nicht. Gott müssen wir es glauben, das versteht sich wahrlich von selbst, aber deswegen nicht einem unter uns, dem sich über seiner Erzählung selber die Haare sträuben (und notwendigerweise ist er selber darüber verdutzt, wenn er noch bei Trost ist), er sage nun über das Treiben eines andern oder gegen sich selber aus.

Ich bin schwerfällig und halte mich ein wenig an das Handgreifliche und Wahrscheinliche und suche den alten Vorwurf zu vermeiden: «Die Menschen schenken dem am meisten Glauben, was sie nicht begreifen.»[16] «Das menschliche Gemüt ist besonders geneigt, dunkle Dinge für wahr anzunehmen.»[17] Ich sehe wohl, dass man in Zorn gerät und mir unter Androhung entsetzlicher Flüche verbietet, daran zu zweifeln. Eine neue Art der Überredung. Gott sei Dank, mein Glaube lässt sich nicht mit Faustschlägen belehren. Mögen sie über jene herfallen, die ihre Meinung als falsch verwerfen; ich werfe ihr nur Schwerfasslichkeit und Verwegenheit vor und lehne ebenso sehr wie die ihre, wenn nicht ebenso heftig, die Behauptung des Gegenteils ab. «Man kann dergleichen Dinge als wahrscheinlich, aber nur nicht als gewiss vortragen.»[18] Wer seiner Betrachtungsweise durch Auftrumpfen und Anherrschen Geltung verschafft, der zeigt, dass sie auf schwachen Gründen steht. Wenn es sich um ein Wort- und Schulgezänk handelte, so mögen sie ebenso viel Schein für sich haben wie ihre Gegner; aber in den tätlichen Schlussfolgerungen, die sie daraus ziehen, sind jene weit besser beraten. Um Menschen dem Tod zu überantworten, bedarf es einer hellen und eindeutigen Klarheit; und unser Leben ist zu wirklich und wesentlich, um damit für diese übernatürlichen und fabelhaften Begebenheiten zu haften. Was die Giftmischereien und bösen Tränklein anlangt, so lasse ich sie außer Betracht: Das ist Meuchelmord, und von der übelsten Sorte. Indessen sagt man sogar hiervon, man dürfe sich nicht immer auf das eigene Geständnis dieser Leute verlassen, denn man hat sie sich zuweilen selbst anklagen sehen, Menschen getötet zu haben, die man gesund und lebend fand.

Über jene anderen abenteuerlichen Beschuldigungen würde ich am liebsten sagen, es sei reichlich genug, einem Menschen, sei er noch so unbescholten, in menschlichen Dingen Glauben beizumessen; in übernatürlichen und seine Fassungskräfte übersteigenden Dingen aber kann er nur dann Glauben verlangen, wenn eine übernatürliche Bestätigung ihn dazu ermächtigt. Dieses Vorrecht, das es Gott gefallen hat, einigen unserer Zeugnisse zu gewähren, darf nicht leichtfertig gemein gemacht und weitergegeben werden. Ich habe die Ohren voll von tausend dergleichen Geschichten: Drei haben ihn an diesem Tage im Morgenland gesehen, drei andere tags darauf im Abendland, um diese Stunde, an diesem Ort, so gekleidet. Wahrhaftig, ich würde es mir selber nicht glauben. Wie viel natürlicher und wahrscheinlicher finde ich es, dass zwei Menschen lügen, als dass ein Mensch in zwölf Stunden mit der Eile des Windes vom Morgen- zum Abendland gelange? Wie viel natürlicher, dass unser Verstand durch das Irrlichtern unseres verdrehten Geistes aus seiner Stelle verrückt werde, als dass einer von uns, von einem fremden Geist besessen, leibhaftig auf einem Besen durch seinen Schornstein hinausgefahren sei? Suchen wir doch nicht nach außer uns liegenden und unbekannten Wahngebilden, die wir beständig von eigenen und in uns wohnenden Wahngebilden umhergeworfen werden. Mir scheint, man sei entschuldbar, ein Wunder ungläubig aufzunehmen, so lange wenigstens man seine Glaubhaftigkeit mit natürlichen und nicht wunderbaren Mitteln umgehen und wegdeuten kann. Und ich bin der Auffassung des heiligen Augustins, dass es in schwer zu beweisenden und gefährlich zu glaubenden Dingen besser sei, zum Zweifel als zur Gewissheit zu neigen.

Es sind einige Jahre her, dass ich durch die Länder eines reichsfreien Fürsten reiste, der mir zu meinem Besten und zum Verweis meiner Ungläubigkeit die Gunst erwies, mir in seiner Gegenwart in sicherem Gewahrsam zehn oder zwölf Gefangene dieser Gattung vorführen zu lassen, darunter eine Alte, wahrhaft eine Hexe an Hässlichkeit und Missgestalt, die seit langem in dieser Zunft hochberüchtigt war. Ich sah sowohl Beweise und freie Geständnisse als ich weiß nicht welch unmerkliches Mal[19] an dieser elenden Alten und erkundigte mich und sprach, soviel ich begehrte, wobei ich mich der gewissenhaftesten Aufmerksamkeit befleißigte, deren ich fähig bin; und ich bin nicht der Mann, der sich das Urteil durch Voreingenommenheit bestricken lässt. Am Ende und auf mein Gewissen hätte ich ihnen eher Nieswurz[20] als den Giftbecher verordnet. «Und die Sache sah eher nach Verrücktheit als nach Verruchtheit aus.»[21] Die Rechtspflege hat ihre eigenen Verfahren gegen solche Krankheiten.

Was die Einwände und Beweisgründe betrifft, die ehrenhafte Leute mir dort und anderwärts häufig entgegenhielten, so habe ich darunter keine gefunden, die mich überzeugten und die nicht eine andere Lösung zuließen, in der mehr Wahrscheinlichkeit war als in ihren Schlussfolgerungen. Es ist wohl wahr, dass ich die Gründe und Beweise, die sich auf Erfahrung und Tatsachen stützen, nicht auflösen kann; sie haben denn auch kein Ende, bei dem man sie anfassen könnte; ich haue sie öfters durch, wie Alexander seinen Knoten. Es heißt schließlich seine Vermutungen allzu hoch veranschlagen, wenn man um ihretwillen einen Menschen lebendig verbrennen lässt. Man erzählt verschiedene Beispiele, wie Prästantius von seinem Vater,[22] dass er, viel tiefer als im tiefsten Schlaf befangen und versunken, phantasierte, er sei ein Saumtier und diene den Soldaten als Packpferd. Und was er phantasierte, das war er. Wenn die Hexen so gegenständlich träumen, wenn die Träume sich so zuweilen in Wirklichkeiten umsetzen können, so glaube ich auch dann noch nicht, dass unser Wille sich dafür vor den Gerichten zu verantworten habe. Dies sage ich als einer, der weder Richter noch Ratgeber der Könige ist, noch sich dessen von ferne als würdig erachtet, sondern ein gemeiner Mann, der in Worten und Taten zum Gehorsam gegen die öffentliche Gewalt geboren und bestimmt ist. Wer auf meine Hirngespinste zum Schaden des geringsten Gesetzes oder Gebrauchs oder Herkommens seines Dorfes hören wollte, der täte sich ein großes Unrecht und ein ebenso großes mir selbst. Denn in allem, was ich sage, verbürge ich keine andere Gewissheit, als dass es das ist, was mir gerade durch den Sinn ging, einen verworrenen und wankelmütigen Sinn. Ich rede von allem nur plaudernderweise und nicht als Ratgeber. «Und ich schäme mich nicht, wie diese da, zu gestehen, dass ich nicht weiß, was ich nicht weiß.»[23] Ich würde nicht so dreiste Reden führen, wenn mir dafür Glauben gebührte; und das war es, was ich einem Großen erwiderte, der sich über die Heftigkeit und Eindringlichkeit meiner Vermahnungen beklagte. Da ich euch nach einer Seite entschieden und voreingenommen finde, setze ich euch die andere Seite mit allem Fleiß auseinander, so gut ich es kann, um euer Urteil zu klären, nicht um es zu nötigen; Gott lenkt eure Herzen und wird eure Wahl treffen. Ich bin nicht so überheblich, auch nur zu wünschen, dass meine Meinungen in einer derart gewichtigen Sache den Ausschlag gäben: Mein Los hat sie nicht zu so schwerwiegenden und hohen Entscheidungen bestimmt. Wahrlich, ich habe nicht nur zahlreiche Veranlagungen, sondern auch der Meinungen genug, die ich gern meinem Sohne austreiben würde, wenn ich einen hätte. Wie denn, wenn es nicht immer die wahrsten sind, die dem Menschen am besten frommen, derart ungebärdig ist seine Natur!

Zutreffend oder unzutreffend, es ist einerlei: Ein in Italien verbreitetes Sprichwort besagt, dass derjenige Venus nicht in ihrer vollkommenen Süße kennt, der nicht mit einer Hinkenden geschlafen hat. Der Zufall oder irgendein besonderes Ereignis hat dieses Wort seit langer Zeit in den Mund des Volkes gelegt; und man sagt es von Frauen wie von Männern. Denn die Königin der Amazonen antwortete dem Skythen, der sie in Liebe begehrte: «[…] Der Hinkende macht es am besten.»[24] In dieser weiblichen Republik haben die Frauen, um der Herrschaft der Männer zu entgehen, diesen in früher Kindheit Arme, Beine und andere Glieder, die ihnen Vorteil über sie brachten, verstümmelt, und die Amazonen bedienten sich ihrer nur zu dem, wozu wir uns hierzulande ihrer bedienen. Ich hätte gesagt, dass die gestörte Bewegung der Hinkenden der Sache irgendein neues Vergnügen hinzufügt und denjenigen, die es ausprobieren, irgendeine besondere Sanftheit. Aber ich habe vor kurzem gelernt, dass schon die antike Philosophie darüber entschieden hat: Sie sagt, dass die Beine und Hüften der Hinkenden aufgrund ihrer Unvollkommenheit nicht jene Nahrung bekommen, die ihnen zusteht, und es sich deshalb so verhält, dass die Geschlechtspartien, die oberhalb liegen, voller, besser genährt und kräftiger sind. Oder auch, da dieser Ausfall körperliche Übung verhindert, dass diejenigen, die mit ihm behaftet sind, weniger ihre Kräfte verschwenden und deswegen dem Spiel der Venus vollkommener zugetan sind. Das ist auch der Grund, warum die Griechen die Weberinnen verunglimpfen, heißblütiger als andere Frauen zu sein: wegen des sitzend ausgeübten Berufs, den sie haben und der keine große körperliche Ertüchtigung verlangt. Worüber können wir, wenn wir uns auf dieses Niveau begeben, nicht räsonnieren? Von diesen hier könnte ich auch sagen, dass die kleinen Schwingungen, die den Sitzenden ihr Webstuhl überträgt, sie aufweckt und anregt, wie es für die Damen die Erschütterungen und das Beben ihrer Kutschen tun.

Dienen diese Beispiele nicht dem, was ich zu Anfang sagte? Dass unsere Vernunftüberlegungen die Sache oft vorausnehmen und sie sich in ihrer Rechtsprechung unendlich weit ausdehnen, so dass sie selbst die Nichtigkeit und das Nicht-Sein beurteilen und sich darin erproben? Abgesehen von der Beweglichkeit unserer Erfindungskraft, die Gründe für alle möglichen Hirngespinste zimmert, ist unsere Einbildungskraft ebenso leicht bereit, die Eindrücke des Falschen mittels recht eitler Erscheinungsbilder aufzunehmen. Denn einzig durch die Autorität des althergebrachten und öffentlichen Gebrauchs dieses Sprichwortes habe ich mir früher weisgemacht, mehr Vergnügen von einer Frau empfangen zu haben, weil sie nicht geraden Wuchses war, und habe dies ihrer Anmut zugerechnet.

Torquato Tasso hat in seinem Vergleich Frankreichs mit Italien – wie er sagt – Folgendes bemerkt, nämlich dass wir dünnere Beine haben als die italienischen Edelmänner, und gibt dafür als Grund an, dass wir uns dauernd zu Pferde bewegen; aus eben diesem zieht Sueton eine völlig entgegengesetzte Schlussfolgerung. Denn er sagt – genau anders herum –, dass Germanicus durch lange Ausdauer bei derselben Übung die seinen gestärkt habe. Es gibt kaum etwas, was derart biegsam und umherschweifend ist wie unser Verstand. Es ist der Schuh des Theramenes,[25] für alle Füße wie geschaffen. Und er ist doppelt und verschieden, und die Materien sind doppelt und verschieden. Gib mir eine Silberdrachme, sagte ein zynischer Philosoph zu Antigonos. – Das ist kein Geschenk für einen König, antwortete der. – Dann gib mir ein Talent. – Das ist kein Geschenk für einen Zyniker.

> Oder es schafft jene Glut mehr Zugang, öffnet verborgne
> Poren, durch die der Saft aufquillt den sprießenden Pflanzen,
> oder sie härtet den Boden, verengt die klaffenden Adern,
> dass weder rieselnder Regen noch machtvoll sengende Sonne
> noch des Nordwinds schneidender Forst die Erde versehrt.[26]

«Ogni medaglia ha il suo riverso.»[27] Deswegen sagte einst Klitomachus, dass Karneades eine wahre Herkules-Arbeit vollbracht habe, weil er den Menschen die Zustimmung, das heißt die Meinung und die Verwegenheit, ein Urteil zu fällen, entrissen habe.[28] Diese Phantasie des Karneades, die so lebenskräftig ist, nahm nach meiner Ansicht ihren Anfang aus der Schamlosigkeit jener, die aus ihrer Wissenschaft eine Profession machen, und aus ihrer ungeheuren Vermessenheit. Einst wurde Aesop mit zwei weiteren Sklaven zum Verkauf angeboten.[29] Der Käufer erkundigte sich beim ersten, was er zu machen verstehe; jener, um seinen Wert zu steigern, versprach Berge und Wunder, dass er dieses und jenes könne; der zweite sagte von sich ebenso viel oder mehr; als die Reihe an Aesop war und als man auch ihn gefragt hatte, was er tun könne, sagte er: Nichts, denn diese beiden haben schon alles übernommen: Sie können alles. So ist es auch der Schule der Philosophie widerfahren: Der Stolz derjenigen, die dem menschlichen Geist ein alle Dinge umfassendes Vermögen zusprechen, hat in anderen, aus Verdruss und aus Wetteifer, diese Meinung verursacht, dass er keiner Sache fähig ist. Die einen halten im Nichtwissen dasselbe Extrem fest wie die anderen im Wissen. Damit man nicht leugnen könne, dass der Mensch überall maßlos sei und dass er keine Schranke kenne als die der Notwendigkeit – und der Ohnmacht, sie zu überschreiten.

Vom Müßiggang

So wie wir brachliegende Äcker, wenn sie fett und fruchtbar sind, sich wuchernd mit tausenderlei wilden und unnützen Kräutern bedecken sehen, und wie wir, um sie urbar zu erhalten, sie bestimmten Aussaaten unterwerfen und dienstbar machen müssen; und wie wir sehen, dass die Frauen zwar wohl ganz allein Haufen und Klumpen ungestalten Fleisches hervorbringen, dass sie aber, soll eine gute und natürliche Zeugung stattfinden, mit anderem Samen bestellt werden müssen: Ebenso ist es mit dem Geiste. Beschäftigt man ihn nicht mit einem bestimmten Gegenstand, der ihn zügelt und zähmt, so wirft er sich regellos hierhin und dorthin ins grenzenlose Feld der Phantasiegebilde,

> wie das zitternde Licht des Wassers im ehernen Becken,
> wo die Sonne sich spiegelt, des Mondes strahlendes Bild,
> weithin den Raum durchflattert, sich in die Lüfte erhebt
> und am höchsten Getäfel der Decke sich bricht.[1]

Und da ist keine Torheit noch Schwärmerei, die er nicht in dieser Unruhe hervorbringt,

> wie ein Kranker im Fiebertraum
> unwirkliche Einzelglieder reiht.[2]

Die Seele, die kein festgestecktes Ziel hat, verliert sich: Denn, wie man sagt, der ist nirgendwo, der überall ist.

> Wer an jedem Ort zu Hause ist, Maximus, der ist nirgends zu Hause.[3]

Als ich mich unlängst in mein Hauswesen zurückzog, fest entschlossen, mich hinfort so viel wie möglich mit nichts mehr abzugeben, als das Wenige, was mir noch an Leben bleibt, in Ruhe und für mich hinzubringen, da meinte ich, ich könnte meinem Geiste mit nichts gefälliger sein, als dass ich ihn in aller Muße sich selbst unterhalten, mit sich selber beschäftigen und verweilen ließe; was ihm, wie ich hoffte, fortan leichter sein würde, da er mit der Zeit schwerfälliger und reifer geworden sei. Aber ich finde:

> stets zeugt der Müßiggang launische Grillen,[4]

dass er im Gegenteil wie ein entlaufenes Pferd sich selber hundertmal mehr Plackereien macht, als er je für andere auf sich nahm; und gebiert mir so viele Fabelwesen und phantastische Ungeheuer, eins übers andere, ohne alle Ordnung und allen Zusammenhang, dass ich, um sie in ihrer Verschrobenheit und Wunderlichkeit in aller Ruhe betrachten zu können, über sie Register zu führen begonnen habe und hoffe, ihn mit der Zeit dahin zu bringen, dass er sich des Unfugs selber schämt.

Von den Lügnern

Sich unterfangen, vom Gedächtnis zu reden, steht keinem Menschen schlechter an als mir. Denn ich finde davon sozusagen keine Spur in mir und glaube nicht, dass es auf dieser Welt ein zweites gibt, das so unglaublich versagt. Ich bin in allen andern Eigenschaften von der gemeinen und gewöhnlichen Art. In dieser jedoch glaube ich einzigartig und absonderlich zu sein und würdig, dadurch Namen und Ruhm zu gewinnen.

Außer den natürlichen Ungelegenheiten, denen ich dadurch ausgesetzt bin – denn sicherlich hat in Ansehung seiner Notwendigkeit Platon recht, es eine große und mächtige Gottheit zu nennen –, pflegt man bei mir zulande, wenn man sagen will, es sei einer schwach bei Verstande, zu sagen, er sei schwach bei Gedächtnis, und wenn ich mich über die Schwäche des meinen beklage, so glauben sie mir es nicht und schütteln den Kopf, als beklagte ich mich, von Sinnen zu sein. Sie sehen keinen Unterschied zwischen Gedächtnis und Verstand. Das heißt mir meine Sache arg verderben. Aber sie tun mir unrecht, denn in der Erfahrung zeigt sich viel eher das Gegenteil, dass sich ein ausgezeichnetes Gedächtnis gern mit schwächlicher Urteilskraft verbindet. Außerdem tun sie mir, der nichts so gut kann, wie Freundschaft halten, auch darin unrecht, dass dieselben Worte, die mein Gebrechen anzeigen, auch den Undank bezeichnen. Man bringt meine Zuneigung mit meinem schwachen Gedächtnis in Verbindung und macht aus einem natürlichen Mangel einen Makel des Gewissens. Er hat diese Bitte vergessen, sagt man, oder jenes Versprechen. Er entsinnt sich seiner Freunde nicht. Er war nicht eingedenk, dies oder jenes zu sagen, zu tun oder zu verschweigen um meinetwillen. Gewiss, ich kann leicht manches vergessen, aber einen Auftrag leichtfertig nehmen, den mir mein Freund gegeben hat, das tue ich nicht. Begnüge man sich doch mit meinem Ungemach, ohne daraus eine Art von Bosheit zu machen, und dazu einer Bosheit, die sich mit meiner Gemütsart so schlecht verträgt.

Einigen Trost finde ich dabei. Erstlich, weil es ein Gebrechen ist, aus dem ich vor allem die Konsequenz gezogen habe, ein schlimmeres Gebrechen zu kurieren, dem ich leicht hätte verfallen konnen, nämlich den Ehrgeiz; denn es ist eine unerträgliche Schwäche für jemand, der sich in die Händel der Welt einlassen will; weil es ferner, wie an manchen ähnlichen Beispielen vom Gange der Natur zu sehen, wohl andere Fähigkeiten in mir in dem Maße gestärkt hat, in dem diese verkümmerte, und ich könnte leicht meinen Geist und mein Urteil in den Fußstapfen anderer sich niederlegen und ermatten lassen, wie alle Welt tut, ohne ihre eigenen Kräfte zu üben, wenn mir durch die Gabe des Gedächtnisses die fremden Entdeckungen und Meinungen gegenwärtig wären; weil zudem meine Rede dadurch bündiger ist, denn der Speicher des Gedächtnisses ist zumeist besser mit Stoff gefüllt als jener der Erfindungsgabe. Hätte mir mein Gedächtnis seinen Dienst getan, ich hätte allen meinen Freunden mit meinem Geschwätz die Ohren betäubt; denn die Gegenstände erwecken in mir jene Anlage, wie ich sie nun einmal habe, sie zu drehen und zu wenden, und reizen und erhitzen meine Redseligkeit. Es ist ein Jammer. Ich erprobe es am Beispiel einiger meiner vertrauten Freunde. In dem Maße, wie ihnen das Gedächtnis eine Sache immer vollständiger und lebhafter vorstellt, gehen sie mit ihrer Erzählung so weit zurück und beladen sie mit so nichtigen Umständen, dass sie, wenn die Geschichte gut ist, ihre Güte erdrücken, und wenn sie es nicht ist, möchte man das Geschick ihres Gedächtnisses oder das Ungeschick ihres Urteils verwünschen. Es ist eine schwierige Kunst, eine Rede aufzuhalten oder zu unterbrechen, wenn man einmal unterwegs ist. Und an nichts erkennt man besser die Stärke eines Pferdes als daran, wie jäh und glatt es im Lauf innehält. Unter den Hellsichtigen sogar sehe ich solche, die ihren Schwall aufhalten möchten und nicht können. Indes sie den Punkt suchen, an dem sie an ein Ende kommen könnten, schleppen sie sich seicht und mühselig weiter wie Menschen, die vor Schwäche zusammensinken möchten. Vollends sind die Greise gefährlich, denen die Erinnerung der vergangenen Dinge geblieben, aber die Erinnerung, sie schon zehnmal erzählt zu haben, verlorengegangen ist. Ich habe recht lustige Geschichtchen im Munde eines hohen Herrn sehr langweilig werden sehen, weil alle Anwesenden schon hundertmal damit überfüttert worden waren.

Sodann, weil ich mich, wie jener alte Schriftsteller sagt, der empfangenen Beleidigungen weniger erinnere: Ich müsste einen Einbläser halten, wie Darius, um die von den Athenern zugefügte Schmach nicht zu vergessen, sich von einem Knaben dreimal ins Ohr rufen ließ, sooft er sich zu Tisch setzte: Herr, gedenke der Athener; und weil die Orte und die Bücher, die ich wiedersehe, mir immer lieblich in neuer Frische zulachen.

Nicht ohne Grund sagt man, wer sich nicht fest auf sein Gedächtnis verlassen könne, solle sich aufs Lügen nicht einlassen. Ich weiß wohl, dass die Grammatiker zwischen lügen und Lügen sagen unterscheiden und meinen, eine Lüge sagen, heiße unwahre Dinge sagen, die man für wahr genommen, dieweil die Bedeutung des Wortes lügen im Lateinischen, von dem unser französisches «mentir» ausgegangen ist, ebenso viel wie «gegen sein Gewissen vergehen» sei und darum nur jene betreffe, die gegen ihr besseres Wissen reden, und von diesen spreche ich. Nun aber erfinden diese entweder alles, Tat und Zutat, oder sie bemänteln und entstellen einen wahren Kern. Wenn sie bemänteln und entstellen, so ist es verfänglich, wenn man sie oft auf eine und dieselbe Erzählung bringt, dass sie sich nicht verhaspeln sollten, denn weil die Sache, so wie sie ist, sich zuerst in ihr Gedächtnis eingenistet und durch Erkennen und Wissen eingeprägt hat, ist es kaum möglich, dass sie sich nicht wieder in der Imagination einfindet und das Zerrbild daraus verdrängt, das darin nicht so fest verwurzelt sitzen kann, und dass nicht die Umstände der ersten Wahrnehmung, die sich jedesmal wieder in den Geist einschleichen, die Erinnerung an die angeflickten, falschen oder verdrehten Zutaten verwischen. In dem, was sie ganz aus einem Guss erfinden, scheint es, weil kein widersetzlicher Eindruck mitspielt, der ihre Falschheit durchkreuzt, als hätten sie demzufolge weniger zu befürchten, sich zu verplaudern. Und doch entwischt auch dies, weil es ein eitles und ungreifbares Gespinst ist, gar leicht dem Gedächtnis, es sei denn sehr zuverlässig. Das habe ich oft sehr unterhaltsam auf Kosten jener erfahren, die sich darauf verlegt haben, ihre Worte immer danach einzurichten, wie es den Geschäften frommt, die sie gerade führen, oder den Großen nach dem Munde steht, an die sie sich richten. Denn da die Umstände, denen sie ihre Redlichkeit und ihr Gewissen unterordnen, vielen Veränderungen ausgesetzt sind, muss auch ihre Rede sich wieder und wieder wenden und drehen, daher es dann geschieht, dass sie dieselbe Sache bald grau, bald gelb nennen, diesem so und jenem anders, und wenn nun zufälligerweise diese Männer ihre Ausbeute von so widersprechenden Auskünften zusammenbringen, wie besteht dann diese feine Kunst? Außer dem, dass sie sich unvorsichtigerweise selber verschnappen. Denn welches Gedächtnis wäre hinreichend, so mannigfache Formen zu behalten, die sie über einen und denselben Gegenstand gezimmert haben? Ich habe zu meiner Zeit viele den Ruhm dieser schönen Umsichtigkeit beneiden und nicht bedenken sehen, dass, wer einmal dafür berühmt ist, damit nichts mehr ausrichten kann.

Wahrlich, das Lügen ist ein verfluchtes Laster. Wir sind nur Menschen und haben nur Gemeinschaft miteinander durch das Wort. Wenn wir die Abscheulichkeit und die Schwere dieses Lasters einsähen, wir würden es füglicher als andere Verbrechen mit Feuer und Schwert verfolgen. Ich finde, dass man sich gewöhnlich ganz ungereimt damit bemüßigt, Kinder für unschuldige Fehler zu züchtigen und wegen mutwilliger Streiche zu peinigen, die weder Wirkung noch Folge haben. Die Lügenhaftigkeit allein, und ein wenig danach die Verstocktheit, scheinen mir die Fehler zu sein, die man mit aller Macht schon im Keim und im Aufkommen bekämpfen sollte. Sie wachsen mit ihnen auf. Und wenn man der Zunge einmal diese falsche Gewöhnung gegeben hat, ist es zum Erstaunen, wie aussichtslos es ist, sie wieder davon abbringen zu wollen. So kommt es denn, dass wir im Übrigen rechtschaffene Menschen diesem Laster unterworfen und hörig sehen. Ich habe einen guten Gesellen von Schneider, den ich nie ein wahres Wort sagen hörte, selbst dann nicht, wenn es sich fügt, dass es ihm zu Nutzen wäre.

Wenn, wie die Wahrheit, die Lüge nur ein Gesicht hätte, so wären wir besser dran. Denn dann würden wir das

Gegenteil dessen für gewiss halten, was der Lügner sagt. Aber die Kehrseite der Wahrheit hat hunderttausend Spielarten und ein unbegrenztes Feld. Für die Pythagoräer ist das Gute gewiss und bestimmt, das Böse aber ungewiss und unbestimmt. Tausend Wege gehen vom Ziel ab, einer führt hin. Fürwahr, ich stehe nicht dafür, dass ich mich dazu überwinden könnte, eine augenscheinliche und dringende Gefahr durch eine freche und feierliche Lüge abzuwenden. Ein alter Kirchenvater[1] sagt, dass wir uns besser in der Gesellschaft eines Hundes befinden, den wir kennen, als eines Menschen, dessen Sprache wir nicht kennen. «So dass der Fremde für den Fremden kein Mensch ist.»[2] Und wie viel ungeselliger ist doch falsche Rede als Stillschweigen. […]

Es ist Torheit, das Wahre und das Falsche nach unserer Fassungskraft zu messen

Wohl nicht ohne Ursache schreiben wir die Bereitwilligkeit, allerlei Dinge zu glauben und sich einreden zu lassen, der Einfalt und Unwissenheit zu. Denn ich habe, wie mir scheint, einmal gelernt, dass das Glauben etwas wie ein Eindruck sei, der unserer Seele eingebildet wird, und dass sie in dem Maße, in dem sie weicher ist und weniger Widerstand bietet, es auch leichter sei, ihr etwas einzuprägen. «So wie notwendigerweise die Waagschale sich unter den aufgelegten Gewichten senkt, so weicht auch der Geist dem Offensichtlichen.»[1] Erst recht, wenn die Seele leer und ohne Gegengewicht ist, senkt sie sich desto leichter unter der Last der ersten Überredung. Darum sind die Kinder, das Volk, die Frauen und die Kranken besonders leicht an der Nase zu führen. Aber es ist andererseits eine törichte Anmaßung, nun hinzugehen und alles als falsch zu verurteilen und zu verwerfen, was uns nicht wahrscheinlich vorkommt. Welches der übliche Fehler derer ist, die einen über das gemeine Maß erhabenen Geist zu besitzen glauben. Ehedem hielt ich es ebenso, und wenn ich von Gespenstern hörte, die umgingen, von Vorhersage künftiger Dinge, von Behexungen, Zaubereien oder von anderen dergleichen Geschichten, die sich mir entzogen,

> Träume, zaubrische Schrecken, Wunder und Hexen,
> nächtliche Poltergeister und Ungeheuer Thessaliens,[2]

so überkam mich das Mitleid mit dem armen Volk, das sich diese Narrheiten weismachen ließ. Und heute finde ich, dass ich selber zum wenigsten ebenso sehr zu bemitleiden war.

Nicht, dass mir die Erfahrung inzwischen irgendetwas gezeigt hätte, woran ich früher nicht glaubte, und auch fehlte es mir nicht an Neugier danach; sondern die Vernunft hat mich belehrt, dass eine Sache so unbedenklich als falsch und unmöglich abtun sich des Vorzugs vermessen heißt, die Grenzen und Schranken des göttlichen Willens und der Macht unserer Mutter Natur im Kopfe zu haben, und dass es keine namhaftere Dummheit in der Welt gibt, als diese auf das Maß unseres Fassungsvermögens und unserer Geisteskraft zustutzen zu wollen. Wenn wir das, was unserer Vernunft nicht zugänglich ist, Ungeheuer und Wunder nennen, wie viele bieten sich dann nicht beständig unserem Blick? Bedenken wir, durch was für Nebelschwaden tastend und tappend man uns zur Kenntnis der meisten Dinge führt, die wir unter den Händen haben, so werden wir sicherlich entdecken, dass es nicht so sehr die Erkenntnis als vielmehr die Gewöhnung ist, die uns das Staunen über sie nimmt,

> wenn zuerst es jetzt den Sterblichen wäre
> unversehens geboten und plötzlich vor Augen zu sehen,[3]

und dass wir diese Dinge, wenn sie uns heute erstmals vor Augen kämen, ebenso unglaublich oder noch unglaublicher fänden als irgend andere,

> wenn sie heute erstmals unversehens den Sterblichen vor Augen
> träten, wenn sie plötzlich vor uns gestellt würden,
> so könnte nichts uns wunderbarer erscheinen,
> und nichts weniger dem, was die Leute vorher zu glauben
> wagten, gemäß.[4]

Jener, der nie einen Fluss gesehen hatte, glaubte vom ersten, den er antraf, es sei das Weltmeer. Und die Dinge, die nach unserer Kenntnis die größten sind, halten wir für das Äußerste, was die Natur in dieser Gattung hervorbringe.

Freilich: scheint auch der Fluss, der als größter gesehen ward von jenem,
der nie größeren sah vorher, und genauso unheimlich
doch auch der Baum und der Mensch; und alles jeden Geschlechtes,
das als größtes man sah, stellt man sich vor als unheimlich.[5]

«An Dinge, welche wir beständig vor Augen haben, gewöhnt sich unser Gemüt. Es bewundert sie daher nicht und forscht nicht nach ihren Ursachen.»[6] Die Neuheit der Dinge reizt uns mehr als ihre Größe dazu an, ihre Ursprünge zu suchen.

Man muss mit mehr Ehrfurcht über diese unendliche Macht der Natur urteilen, und mit besserer Einsicht in unsere Unwissenheit und Schwäche. Wie viele recht unwahrscheinliche Dinge werden von glaubwürdigen Leuten bezeugt, die wir, wenn wir uns nicht davon überzeugen zu lassen vermögen, wenigstens dahingestellt sein lassen sollen; denn sie als unmöglich verwerfen, heißt sich mit frecher Anmaßung die Befugnis herausnehmen, die Grenzen des Möglichen abzustecken. Wenn man den Unterschied zwischen dem Unmöglichen und dem Ungewohnten recht begriffe, und zwischen dem, was wider den ordentlichen Gang der Natur, und dem, was wider die übliche Meinung der Menschen ist, wenn man sich weder leichtsinnig zum Glauben noch leichthin zum Unglauben entschlösse, so würde man die Regel des Chilon beobachten: Alles mit Maß.

Wenn man bei Froissart liest,[7] dass der Graf von Foix in Bearn von der Niederlage des Königs Johann von Kastilien bei Aljubarrota am Tage, nachdem sie sich ereignet hatte, Nachricht erhielt, und auf welchen Wegen dies geschehen sei, mag man darüber lachen; und auch darüber, was unsere Annalen erzählen, dass Papst Honorius am selben Tage, an dem König Philipp August in Mantes starb, seine öffentliche Totenfeier veranstaltete und in ganz Italien anordnen ließ. Denn das Ansehen dieser Zeugen hat vielleicht nicht genügend Gewicht, um uns zum Schweigen zu bringen. Aber wie, wenn Plutarch neben manchen anderen Beispielen, die er aus dem Altertum anführt, mit Bestimmtheit zu wissen erklärt, dass zur Zeit Domitians die Nachricht von der Niederlage, die Antonius viele Tagereisen von da in Deutschland erlitt, am gleichen Tag, an dem sie geschah, in Rom öffentlich bekannt und überall verbreitet wurde; und wenn Caesar die Ansicht vertritt, dass oft das Gerücht dem Ereignis vorausgeeilt sei: Werden wir da nicht sagen, dass diese einfältigen Leute sich nach Art des gemeinen Haufens hinters Licht führen ließen, da sie nicht so scharfblickend sind wie wir? Ist da irgendetwas Feineres, Klareres und Lebendigeres als der Scharfsinn des Plinius, wenn es ihm gefällt, ihn spielen zu lassen, und irgendetwas von allem Leichtsinn Entfernteres? Ich lasse die Trefflichkeit seines Wissens, auf die ich weniger halte, außer acht. In welchem dieser beiden überträfen wir ihn? Und doch gibt es keinen so rotznäsigen Schuljungen, der ihn nicht des Betrugs überführt und ihm nicht über den Gang und die Werke der Natur Lehren erteilt.

Wenn wir bei Bouchet[8] von den wundertätigen Gebeinen des heiligen Hilarius lesen, sei's denn: Seine Glaubwürdigkeit ist nicht groß genug, um uns die Freiheit der Widerrede zu benehmen. Aber im gleichen Zuge alle dergleichen Geschichten zu verwerfen, scheint mir eine ausnehmende Unverfrorenheit. Der große heilige Augustin bezeugt, gesehen zu haben, wie über den Reliquien der Heiligen Gervasius und Protasius in Mailand ein Kind das Augenlicht wiederfand; wie eine Frau in Karthago durch das Kreuzeszeichen einer Neugetauften vom Krebs geheilt wurde; wie Hesperius, einer seiner Vertrauten, mit ein wenig Erde vom Grab unseres Herrn die Gespenster austrieb, die in seinem Hause umgingen, und wie durch diese Erde, als sie danach in die Kirche verbracht wurde, ein Lahmer auf einen Schlag geheilt wurde; wie einer Frau, die bei einer Prozession den Schrein des heiligen Stephan mit einem Blumenstrauß berührt hatte und sich nachher mit diesem Strauß die Augen rieb, ihr seit langem verlorenes Augenlicht wiedergegeben wurde; und mehrere andere Wunder, denen er selbst beigewohnt habe. Wessen sollen wir ihn und zwei heilige Bischöfe, Aurelius und Maximin, die er zu seinen Zeugen anruft, bezichtigen? Der Unwissenheit, der Einfalt, der Leichtgläubigkeit, oder der Arglist und Betrügerei? Ist in unserer Zeit irgendwer unverschämt genug, zu glauben, dass er ihnen, sei es an Tugend und Frömmigkeit, sei es an Wissen, Urteilskraft und Klugheit, vergleichbar sei? «Die mich, selbst wenn sie keine Gründe vorbrächten, allein durch ihre Autorität überzeugen würden.»[9]

Es ist eine gefahrvolle und folgenschwere Kühnheit, ungerechnet noch die unsinnige Leichtfertigkeit, die mit ihr einhergeht, das zu verachten, was wir nicht fassen können. Denn habt ihr einmal gemäß eurem schönen Verstande die Grenzen von Wahrheit und Lüge festgelegt, und es findet sich, dass ihr an Dinge zu glauben gezwungen seid, in denen noch mehr Befremdlichkeit ist als in jenen, die ihr leugnet, so habt ihr euch schon darauf verpflichtet, sie aufzugeben. Was mir aber in unseren gegenwärtigen Religionswirren ebenso viel Unruhe in unsere Gewissen zu tragen scheint, das ist diese Lässlichkeit, mit der die Katholiken von ihrem Glauben stückweise abgehen. Sie meinen sehr geschickt die Gemäßigten und Verständigen zu spielen, wenn sie den einen oder anderen der umstrittenen Glaubenssätze den Gegnern einräumen. Doch außer dem, dass sie nicht merken, welch ein Vorteil es für den Angreifer ist, wenn man ihm zum Anfang nachgibt und zurückweicht, sind diese Artikel, die sie als die geringfügigigsten ausscheiden, manchmal sehr bedeutsam. Entweder muss man sich der Entscheidungsgewalt unserer Kirche voll und ganz unterwerfen oder sich ganz von ihr lossagen. Es ist nicht an uns, das Maß von Gehorsam zu bestimmen, das wir ihr schulden. Und mehr noch, ich kann es sagen, weil ich es erfahren habe, da ich mir einst diese Freiheit der eigenen Wahl und Auslese nahm und gewisse Punkte unserer Kirchenbräuche vernachlässigte, die mir besonders bedeutungslos oder wunderlich vorkamen, und es mir dann widerfuhr, mit gelehrten Männern darüber zu sprechen, so fand ich, dass diese Dinge auf einem überaus festen und sicheren Grunde ruhen und dass nur die Torheit und Unwissenheit sie uns mit geringerer Ehrfurcht als die andern hinnehmen lässt. Was erinnern wir uns nicht, wie viele Widersprüche wir in unsern eigenen Urteilen antreffen? Wie viele Dinge wir gestern als Glaubensartikel betrachteten und heute als Märchen ansehen? Die Eitelkeit und der Vorwitz sind die beiden Plagen unserer Seele. Dieser treibt uns, unsere Nase in alles zu stecken, und jene verbietet uns, irgendetwas unausgemacht und unentschieden zu lassen.

Von den Luxusgesetzen

Die Art, wie unsere Gesetze versuchen, den wahnwitzigen und eitlen Aufwand für Tafel und Kleider zu begrenzen, scheint ihrem Zweck zuwiderzulaufen.[1] Das wahre Mittel wäre, in den Menschen Verachtung für Gold und Seide zu erzeugen, wie für eitle und unnütze Dinge; und wir steigern in ihren Augen noch deren Ansehen und Wert, was eine denkbar ungeeignete Art ist, den Menschen den Geschmack daran zu verleiden. Denn zu verfügen, es komme nur den Fürsten zu, Steinbutt zu essen und Samt und goldene Tressen zu tragen, und es dem Volk zu untersagen, was ist das anderes, als das Ansehen dieser Dinge zu befördern und in einem jeden die Begierde anwachsen zu lassen, sich ihrer zu bedienen? Die Könige sollten diese Zeichen von Größe kühn ablegen, ihnen bleiben genug andere. Solche Maßlosigkeiten sind jedem anderen eher zu verzeihen als einem Fürsten. Am Beispiel vieler Nationen können wir genügend bessere Mittel kennenlernen, um uns und unsere Rangstufen äußerlich voneinander zu unterscheiden (was ich, um die Wahrheit zu sagen, in einem Staatswesen für sehr notwendig halte), ohne für solchen Zweck diese Verderbtheit und so offensichtliche Nachteile zu pflegen. Es ist erstaunlich, wie die Gewohnheit in diesen so unbedeutenden Dingen ganz leicht und plötzlich Fuß fasst und ihnen Autorität einpflanzt.[2] Gerade ein Jahr haben wir uns aus Trauer um König Heinrich II.[3] am Hof in Tuch gekleidet, als schon in der Meinung eines jeden feststand, dass Seidenstoffe so würdelos geworden sind, dass, sieht man darin jemanden gekleidet, ihn unversehens für irgendeinen Bürger aus der Stadt hält.[4] Seidenstoffe blieben weiterhin den Ärzten und Chirurgen überlassen; und obwohl jeder ungefähr dem anderen gleich gekleidet war, gab es doch genügend augenfällige Unterscheidungszeichen für den Stand der Menschen.

Wie plötzlich kommen in unseren Heeren die schmutzigen Wämser aus Gamsleder und Leinzeug zu Ehren; und wie fallen Prunk und Reichtum der Kleider in Tadel und Verachtung!

Die Könige mögen beginnen, von solchem Aufwand abzulassen, in einem Monat ist es geschehen, ohne Erlasse und ohne Verordnungen: Wir werden alle folgen. Das Gesetz müsste, ganz gegen den Strich, bestimmen, dass Purpur und Geschmeide Leuten aller Art verboten sind, Gaukler und Kurtisanen ausgenommen. Durch eine ähnliche Erfindung verbesserte Zaleukus die verdorbenen Sitten der Lokrer.[5] Seine Verordnungen waren folgender Art: dass eine Frau freien Standes nicht mehr als eine Kammerzofe mit sich führen darf, außer, wenn sie betrunken ist; dass sie weder die Stadt nachts verlassen, noch Goldschmuck an ihrem Leib tragen darf und kein mit Stickereien verziertes Gewand, es sei denn, sie bietet sich als Hure feil; dass es, mit Ausnahme von Zuhältern, einem Mann nicht gestattet ist, einen goldenen Ring am Finger zu tragen, auch keine feinen Gewänder wie die aus dem in der Stadt Milet gewebten Tuch. Und so, durch diese schändlichen Ausnahmen, brachte er klug seine Bürger von Überflüssigem und von schädlichen Genüssen ab.

Es war ein sehr nützliches Mittel, durch Ehre und Ehrgeiz die Menschen für den Gehorsam zu gewinnen. Unsere Könige vermögen alles durch solche äußeren Reformen zu erreichen, ihre Neigung wird dabei zum Gesetz. «Was auch immer die Herrscher tun, es erscheint Vorschrift.»[6] Das übrige Frankreich macht sich die Regel des Hofes zur Regel. Wenn sie kein Vergnügen mehr an dieser scheußlichen Schamkapsel hätten, die unsere geheimen Körperteile so sehr preisgibt;[7] an dieser plumpen Vergrößerung der Wämser, die uns alle zu ganz anderen macht als wir sind und die Bewaffnung so behindert; an diesen langen weibischen Haarflechten; an der Sitte, das zu küssen, was wir unseren Gefährten darreichen wie etwa unsere Hände, wenn wir sie begrüßen – eine Höflichkeitsbezeugung, die ehemals einzig Fürsten zustand –; und daran, dass sich ein Edelmann an Ehrfurcht gebietenden Orten ohne sein Schwert einfindet und ganz locker gekleidet und kaum zugeknöpft erscheint, als ob er gerade eben aus dem Ankleidezimmer käme; und [hätten sie kein Vergnügen] daran, dass wir uns entgegen der Sitte unserer Väter und der besonderen Freiheit des Adels in diesem Königreich in der Gegenwart von Fürsten nicht bedecken dürfen, auch nicht weit von ihnen entfernt und wo auch immer sie sich aufhalten, – und so wie in ihrer Umgebung, so in der Umgebung von hundert anderen, derart viele Drittel- und Viertelkönige haben wir –; und so verhält es sich mit anderen dergleichen neuen und schlechten Änderungen: Sie wären unversehens verschwunden und verschrien. Es sind oberflächliche Irrtümer, aber dennoch schlechte Vorzeichen; und wir sind gewarnt, dass das Mauerwerk einzustürzen droht, wenn wir Risse im Anstrich und im Putz unserer Wände sehen.

Platon hält in den *Gesetzen* keine Pest der Welt für verderblicher für seinen Staat, als der Jugend die Freiheit zu lassen, in Kleidung, Gesten, Tänzen, Übungen und Liedern von einer Form in die andere zu wechseln, wenn ihr Urteil einmal in diesem Zustand, einmal in jenem in Unruhe gerät, wenn sie hinter den Neuheiten herläuft und ihre Erfinder verehrt, wodurch die Sitten verderben und alle althergebrachten Einrichtungen in Ungnade und Verachtung fallen. In allen Dingen, außer in den lediglich schlechten, ist der Wechsel zu fürchten: der Wechsel der Jahreszeiten, der Winde, der Lebensmittel, der Körpersäfte; und nur diejenigen Gesetze genießen wahrhaft Ansehen, denen Gott eine gewisse altehrwürdige Dauer gegeben hat, auf eine Weise, dass niemand ihren Ursprung kennt und niemand weiß, dass sie jemals anders gewesen sind.

Von der Eitelkeit der Worte

Ein Rhetoriker der alten Zeit sagte, sein Beruf sei es, kleine Dinge groß erscheinen und für groß halten zu lassen. Das ist ein Schuster, der große Schuhe für einen kleinen Fuß zu machen versteht. In Sparta hätte man ihm dafür die Rute geben lassen, mit einer Kunst der Lüge und Prellerei sein Gewerbe zu treiben. Und ich glaube, dass Archidamos, der daselbst König war, nicht ohne Erstaunen die Antwort des Thukydides hörte, bei dem er sich erkundigte, wer der Stärkere im Ringkampf sei, Perikles oder er. Das, sagte dieser, wäre schwer auszumachen; denn wenn ich ihn im Ringen zu Boden gebracht habe, überredet er die Leute, die es gesehen haben, er sei nicht gefallen, und gewinnt. Jene, die mit ihrer Kunst die Frauen aufputzen und schminken, stiften weniger Schaden, denn wir verlieren nicht viel dabei, sie nicht in ihrem natürlichen Zustand zu sehen, dahingegen diese es darauf anlegen, nicht unsere Augen, sondern unser Urteil zu betrügen und das Wesen der Dinge zu verunstalten und zu verfälschen. Die Republiken, die sich einer geordneten und wohlverwalteten Verfassung erhalten haben, wie die kretische und die lakedämonische, die haben keine großen Stücke auf Redner gehalten.

Ariston definiert die Rhetorik weise als eine Wissenschaft, das Volk zu überzeugen; Sokrates und Platon als die Kunst zu täuschen und zu schmeicheln;[1] und diejenigen, die das in ihrer allgemeinen Definition abstreiten, bezeugen es überall in ihren Vorschriften. Die Mohammedaner verbieten, dass ihre Kinder darin unterrichtet werden, wegen ihrer Nutzlosigkeit. Und die Athener, die sich klar darüber wurden, wie sehr ihr Gebrauch, der in der ganzen Stadt verbreitet war, schädlich war, befahlen, dass ihr Hauptteil, der in der Erregung der Leidenschaften besteht, zusammen mit Exordium und Peroratio[2] aus ihr herausgenommen werden sollte.

Es ist ein Werkzeug, dazu erfunden, einen Mob und eine zerrüttete Bürgerschaft zu lenken und aufzupeitschen, und ein Werkzeug, das nur in kranken Umständen Verwendung findet, wie die Arzneikunst; in Staatswesen, in denen dem Pöbel, in denen den Unwissenden, in denen allen alles freistand, wie in Athen, Rhodos und Rom, und wo die Dinge in unaufhörlicher Umwälzung waren, da strömten die Redner herbei. Und in der Tat sieht man in diesen Republiken wenige Staatsmänner, die sich ohne Nachhilfe der Beredsamkeit zu großem Ansehen emporgeschwungen hätten: Pompejus, Caesar, Lucullus, Lentulus, Metellus haben in ihr den Steigbügel gefunden, um jene Höhe der Macht zu erklimmen, zu der sie schließlich gelangten, und haben sich ihrer mehr bedient als der Waffen, gegen die Meinung der besseren Zeiten. Denn L. Volumnius, der in der Öffentlichkeit für die Wahl des Konsultats redete, das aus den Personen Q. Fabius und P. Decius bestand: Dies sind Männer, für den Krieg geboren, groß in Taten; grob im Streit des Geschwätzes: wahrhaft konsularische Geister; die Spitzfindigen, Eloquenten und Gelehrten sind gut für die Stadt, als Prätoren geeignet, Recht zu sprechen, sagte er.[3]

Die Beredsamkeit stand in Rom in höchster Blüte, als sich der Staat im elendesten Zustand befand und der Sturm der Bürgerkriege ihn erschütterte, wie ein braches und unbestelltes Feld das üppigste Unkraut trägt. Es scheint daher, dass die Gemeinwesen, die unter einem Monarchen stehen, weniger Bedarf nach ihr haben als die anderen. Denn die Dummheit und Verführbarkeit, die sich im großen Volkshaufen findet und die ihn sich so willfährig von der Ohrenbläserei dieser süßen Klänge betören und einfangen lässt, ohne dass er dazu käme, die Wahrheit der Dinge nach der Stärke ihrer Vernunftgründe zu erwägen und zu durchschauen: Diese Verführbarkeit, sage ich, findet sich nicht so mühelos bei einem Einzelnen, und es ist leichter, ihn durch gute Erziehung und guten Rat gegen den Einfluss dieses Giftes zu schützen. Man hat weder aus Persien noch aus Makedonien einen einzigen Redner von Ruf hervorgehen sehen.

Ich habe diese Bemerkungen aus Anlass eines Italieners gemacht, mit dem ich mich eben unterhalten habe und der dem verstorbenen Kardinal Caraffa bis zu dessen Tod als Hofmeister diente. Ich ließ ihn von seinem Amt erzählen. Er hielt mir einen Vortrag über diese Wissenschaft der Schnauze mit so magistraler Salbung und Würde, als ob er mir von einem entscheidenden Kernpunkt der Theologie gesprochen hätte. Er setzte mir eine Stufenleiter von Appetiten auseinander: der, den man nüchtern empfindet, der, den man nach dem zweiten und dritten Gang hat; die Mittel, ihn zuweilen einfach zu befriedigen, zuweilen ihn anzuregen und zu reizen; die Bereitung und Ordnung der Brühen, erstlich im Allgemeinen und sodann im Einzelnen nach den Besonderheiten ihrer Zutaten und ihrer Wirkungen; die Verschiedenheit der Salate nach ihren Jahreszeiten, jene, die warm aufgesetzt, und jene, die kalt aufgetragen sein wollen, die Art, sie zu verzieren und zu verschönern, um sie auch dem Auge gefällig zu machen. Nach alledem kam er auf die Ordnung der Gerichte zu sprechen, überströmend von schönen und wichtigen Erörterungen,

und fürwahr, es ist keine geringe Sorge, zu unterscheiden,
mit welchem Griffe ein Hase, mit welchem ein Huhn zerlegt
wird.[4]

Und all das gespickt mit erhabenen und erlauchten Worten, mit denselben, die man gebraucht, um von der Regierung eines Reiches zu handeln. Dabei fiel mir mein Mann ein:

Dies ist zu gesalzen, dies angebrannt, dies zu wenig fein;
so ist es richtig, denkt nächstes Mal dran;
ich belehre sie eifrig, soviel mein Wissen vermag.
Zuletzt heiße ich sie sich in den Pfannen wie im Spiegel zu
betrachten,
Demea, und lehre sie, was der Brauch ist.[5]

Und doch lobten sogar die Griechen ungemein die Ordnung und Einrichtung, die Paulus Aemilius bei dem Festmahl beobachtete, das er ihnen bei seiner Rückkehr aus Makedonien gab; aber ich spreche hier nicht von Sachen, ich spreche von Worten.

Ich weiß nicht, ob es andern so ergeht wie mir; aber ich kann es nicht hindern, wenn ich unsere Baukünstler mit diesen großen Worten wie Pilaster, Architrave, Karnies, korinthische und dorische Ordnung und dergleichen aus ihrem Kauderwelsch um sich werfen höre, dass meine Imagination mir den Palast des Appolidon[6] vorstellt, und die Sache besehen, finde ich, dass es die kümmerlichen Teilstücke meiner Küchentür sind.

Hört ihr die Worte Metonymie, Metapher, Allegorie und andere dergleichen Bezeichnungen der Grammatik vorbringen, sollte man da nicht glauben, dass man eine seltene und fremdartige Sprachform bedeute? Es sind Namen, die sich auf das Geschwätz eurer Kammerfrau beziehen.

Es ist eine Prellerei, die mit jener verwandt ist, die Ämter unseres Staates mit den hochtrabenden Titeln der Römer zu benennen, ob sie gleich keinerlei Ähnlichkeit mit ihren Verrichtungen und noch weniger mit ihrem Ansehen und mit ihrer Macht haben. Und auch mit dieser, die nach meiner Meinung eines Tages zum Zeugnis einer absonderlichen Abgeschmacktheit unseres Jahrhunderts gereichen wird, dass man unwürdigerweise und nach Mutwillen die ruhmvollsten Beinamen dem Erstbesten beilegt, mit denen das Altertum einen oder zwei Männer im Verlauf mehrerer Jahrhunderte ehrte. Platon hat den Zunamen des Göttlichen durch eine allgemeine Übereinstimmung erlangt, und niemand hat versucht, ihm diesen streitig zu machen; und die Italiener, die sich rühmen, und mit Recht, gemeinhin einen aufgeweckteren Geist und gesunderen Verstand zu haben als die andern Nationen ihrer Zeit, haben eben dem Aretin[7] diesen Zunamen beschert, an dem ich außer einer gewissen schwülstigen und von Einfällen schillernden Redeweise, die fürwahr recht erfinderisch, aber weither gesucht und verstiegen ist, kurzum außer der Beredtheit, wie sie eben ist, nichts sehe, was ihn vor den landläufigen Autoren seiner Zeit auszeichnen würde; und erst recht reicht er nicht von fern an diese Göttlichkeit der Alten heran. Und den Beinamen des Großen legen wir Fürsten bei, die in nichts über das gemeine Größenmaß hinausragen.

Von den nichtigen Spitzfindigkeiten

Es gibt eine Art von eitlen und törichten Spitzfindigkeiten, mittels deren sich die Menschen zuweilen ein Ansehen zu geben suchen: Wie manche Poeten ganze Dichtwerke in Versen verfassen, die mit demselben Buchstaben beginnen; wir finden Eiformen, Kugelformen, Flügel- und Axtformen, welche die Griechen mit ihren Versmaßen zurechtbastelten, indem sie diese dergestalt verlängerten oder verkürzten, dass sie sich diese oder jene Figur darzustellen bequemten. Vom gleichen Schlage war die Wissenschaft dessen, der sich damit abgab, zu berechnen, auf wie viele Weisen sich die Buchstaben des Alphabets anordnen ließen, und die unglaubliche Zahl fand, die man bei Plutarch liest. Mir gefällt der Einfall desjenigen, dem man einen in dieser Kunst geschulten Mann vorführte, ein Hirsekorn mit solcher Geschicklichkeit zu werfen, dass er es ohne Fehl immer durch das Öhr einer Nadel brachte, und von dem man danach eine Gabe zur Belohnung einer so seltenen Fertigkeit erbat, worauf er sehr launig und, meiner Meinung nach, treffend befahl, man möge diesem Meister zwei oder drei Metzen Hirse geben, damit eine so schöne Kunst nicht aus der Übung komme. Es ist ein staunenswerter Beweis der Schwäche unseres Urteilsvermögens, dass er uns die Dinge um ihrer Seltenheit oder Neuheit willen anpreist, oder auch wegen ihrer Schwierigkeit, auch wenn sich weder Güte noch Nutzbarkeit dabei finden.

Wir haben eben bei mir zu Hause miteinander dieses Spiel gespielt, wer mehr Dinge zu finden wisse, in denen sich die äußersten Gegensätze treffen: wie Sire, welcher Titel der höchsten Person unseres Staates, nämlich dem König, gegeben, und auch für die gemeinen Bürger, wie Kaufleute, gebraucht wird, aber auf den Rangstufen zwischen diesen beiden unanwendbar ist. Die Frauen von Stand nennt man Damen; die der mittleren Stände Fräulein; und wiederum Damen die der untersten Stufe. Die Würfel, die man auf Tischen spielt, sind nur in den Fürstenhäusern und in den Schenken gestattet.

Demokrit sagte, die Götter und die Tiere hätten schärfere Sinne als die Menschen, die auf einer mittleren Stufe stehen. Die Römer trugen dieselben Kleider an Trauertagen und an Festtagen. Es steht fest, dass die äußerste Furcht und das äußerste Ungestüm der Tapferkeit in gleicher Weise den Magen umdrehen und abführen.

Der Spitzname des Zitterers, den man Sancho, dem zwölften König von Navarra, gab, lehrt, dass sowohl die Kühnheit als auch die Furcht unsere Glieder zum Erzittern bringen. Und er, den seine Leute bewaffneten und dessen Haut sie zittern sahen und die versuchten, ihm Mut zuzusprechen, indem sie ihm die Gefahr, der er sich aussetzen würde, abschwächten, sagte ihnen: Ihr kennt mich schlecht. Wenn mein Fleisch die Gefahr kennen würde, in die mein Mut es gleich führen wird, würde es ohnmächtig hinfallen.

Die Schwäche, die uns bei den Diensten der Venus aus Kälte und aus Übersättigung anwandelt, befällt uns auch aus allzu heftiger Begierde und ungestümer Glut. Die äußerste Kälte und die äußerste Hitze sieden und brennen beide. Aristoteles sagt, dass die Bleibarren von Frost und Kälte des Winters schmelzen und zerfließen wie von übermäßiger Hitze. Das Verlangen und die Völle erfüllen die Gemütslagen oberhalb und unterhalb der Wollust mit Schmerz. Die Stumpfheit und die Weisheit treffen sich auf der gleichen

Stufe der Empfindung und der Entschlossenheit im Erleiden der menschlichen Widerwärtigkeiten: Die Weisen bezwingen und beherrschen das Ungemach, und die andern nehmen es nicht wahr. Diese bleiben sozusagen unterhalb der Widerwärtigkeiten, jene sind über sie hinaus; nachdem sie deren Bewandtnis reiflich gewogen und erwogen, sie durchmessen und für das erkannt haben, was sie sind, heben sie sich durch die Kraft eines standhaften Herzens über sie empor; sie verachten sie und treten sie unter die Füße, da ihre Seele stark und fest genug ist, dass die Pfeile des Schicksals, die gegen sie anstürmen, an ihr zersplittern und abprallen müssen, weil sie auf einen Körper treffen, in den sie nicht eindringen können: Die gewöhnliche und mittlere Gattung der Menschen befindet sich zwischen diesen beiden äußersten Grenzen, im Haufen derer, die das Ungemach wahrnehmen, fühlen und nicht zu ertragen vermögen. Die Kindheit und die Vergreisung begegnen sich in der Hinfälligkeit des Gehirns; die Habsucht und die Verschwendung in der ähnlichen Begierde, zu erraffen und an sich zu reißen.

Man kann mit gutem Schein sagen, dass es eine abc-schützenhafte Unwissenheit gibt, die dem Wissen vorhergeht, und eine andere, gelehrte, die dem Wissen nachfolgt: eine Unwissenheit, vom Wissen erzeugt und hervorgebracht, gerade so wie die erste von ihm abgetan und ausgelöscht wird.

Aus einfältigen Gemütern ohne viel Wissbegier und Bildung macht man gute Christen, die aus Ehrfurcht und Gehorsam einfältiglich glauben und sich den Gesetzen beugen. Die mittelmäßigen Geisteskräfte und Fähigkeiten erzeugen die Irrmeinungen: Sie folgen dem ersten Schein des Verstandes und haben irgendeinen Anspruch, es uns als Einfalt und Dummheit auszulegen, dass wir uns im alten Trott halten, zu dem wir nicht durch eigene Gelehrsamkeit gelangt sind. Die großen Geister, die besonnener und klarblickender sind, bilden eine andere Gattung von Rechtgläubigen, die durch lange und ernste Erforschung ein tieferes und verborgeneres Licht in der Schrift erkennen und das undurchdringliche und göttliche Geheimnis unserer kirchlichen Einrichtungen fühlen. Indessen sehen wir einige, die zu dieser letzten Stufe über die zweite gelangt sind, mit wundersamer Befruchtung und Bestärkung, als zur äußersten Grenze der christlichen Erkenntnis, und die sich mit Tröstung, Danksagung, Besserung der Sitten und großer Bescheidenheit ihres Sieges freuen. Und in diesen Rang will ich keineswegs jene anderen setzen, die sich, um sich vom Verdacht ihrer vergangenen Irrtümer reinzuwaschen und uns ihrer Rechtgläubigkeit zu versichern, mit Anmaßung, Unduldsamkeit und Ungerechtigkeit in die Verteidigung unserer Sache stürzen und sie mit unendlichen Vorwürfen der Gewalttat beladen.

Die einfachen Bauern sind ehrbare Leute, und ehrbare Leute die Philosophen, oder, nach dem Begriff unserer Zeit, die starken und klaren, mit einer weiten Bildung in wertvollen Wissenschaften bereicherten Geister. Die Bastarde, die den ersten Stand der Unbildung verschmähten und den anderen nicht erreichen konnten (den Hintern zwischen zwei Stühlen, wie ich und so viele andere), sind gefährlich, töricht, vorlaut: Sie sind es, die Unruhe in der Welt stiften. Ich für mein Teil immerhin ziehe mich, so viel ich kann, in meinen ersten und natürlichen Stand zurück, aus dem ich mich vergeblich zu erheben bemüht habe.

Die volkstümliche und ganz ursprüngliche Dichtung hat Züge der Unbefangenheit und Anmut, in denen sie sich mit der vorzüglichsten Schönheit der vollkommenen Kunstdichtung messen kann; wie man an den Villanellen der Gaskogne und den Liedern ersieht, die uns von Völkern überliefert werden, denen jegliche Kenntnis irgendeiner Wissenschaft und selbst der Schrift abgeht. Die mittelmäßige Dichtung, die sich zwischen beiden hält, ist verächtlich, ohne Würde und ohne Wert.

Doch weil ich, wie es gemeinhin geschieht, wenn der Geist einmal auf die Fährte gesetzt ist, gefunden habe, dass wir etwas[1] für ein schwieriges Spiel und einen seltenen Gegenstand gehalten hatten, was es gar nicht ist, und dass unsere Vorstellungskraft, wenn sie einmal angeregt ist, eine Unzahl derartiger Beispiele entdeckt, will ich hier nur noch dieses eine anfügen: Wenn diese Essais würdig wären, dass man über sie urteile, so könnte es nach meinem Vermuten eintreffen, dass sie den gemeinen und plumpen Geistern nicht sonderlich gefielen, und den erlesenen und hervorragenden nicht besser. Jene würden nicht genug davon begreifen, diese begriffen zuviel davon; sie könnten vielleicht in einer mittleren Höhe sachte ihr Leben fristen.

Von geistiger Übung

Schwerlich sind Grundsätze und Anleitungen, selbst wenn wir sie aufgeschlossenen Gemütes aufnehmen, je mächtig genug, uns geradewegs zum Handeln zu führen, wenn wir nicht unsere Seele durch Erfahrung zu dem Wandel üben und ausbilden, zu dem wir sie anhalten wollen: Andernfalls wird sie, wenn sie zur tätigen Bewährung schreiten soll, ohne Zweifel in die Klemme geraten. Das ist der Grund, warum jene unter den Philosophen, die höhere Vollkommenheit zu erringen strebten, sich nicht damit begnügten, in Ruhe hinter dem Ofen die Schläge des Schicksals zu erwarten, auf dass sie nicht unerfahren und des Kampfes ungewohnt von ihm überrascht würden; sondern sie gingen ihm entgegen und stürzten sich mit Wissen und Willen in die Prüfung der Bedrängnisse. Einige haben deshalb den Reichtümern entsagt, um sich in freiwilliger Armut zu üben; andere haben die Mühsale und die Härten eines beschwerlichen Lebens auf sich genommen, um sich gegen Ungemach und Pein zu stählen; andere haben sich der köstlichsten Teile ihres Leibes beraubt, wie des Gesichts und der Glieder, die zur Zeugung dienen, aus Besorgnis, dass ihr allzu angenehmer und linder Gebrauch nicht die Festigkeit ihrer Seele schwäche und entwaffne. Doch im Sterben, das die größte Probe ist, die wir zu bestehen haben, kann uns die Übung nicht helfen. Man kann sich durch Gewöhnung und Erfahrung gegen die Schmerzen, die Schande, die Entbehrungen und dergleichen andere Zufälle rüsten; den Tod aber können wir nur einmal erfahren; wir sind alle Lehrlinge, wenn wir vor ihn treten. […]

Und doch scheint es mir, als ob es eine Weise gäbe, uns mit ihm vertraut zu machen und ihn in irgendeiner Weise zu erproben. Wir können eine Erfahrung von ihm erwerben, die zwar nicht ganz und vollkommen, aber doch so ist, dass sie nicht ganz der Nutzbarkeit entbehrt und uns stärken und Mut einflößen kann. Können wir ihn auch nicht fassen, so können wir uns ihm doch nähern und ihn erkunden; und wenn wir nicht bis in seine Tiefen vorstoßen können, so können wir doch seine Zugänge besehen und abschreiten. Nicht umsonst lässt man uns sogar auf unsern Schlaf achten, um seiner Ähnlichkeit mit dem Tode willen. Wie leicht gleiten wir aus dem Wachen in den Schlaf hinüber. Wie unbekümmert verlieren wir das Bewusstsein des Lichts und unser selbst. Die Gabe des Schlafes, der uns aller Tätigkeit und aller Empfindung beraubt, könnte allenfalls als unnütz und widernatürlich erscheinen, wenn uns nicht die Natur durch ihn belehrte, dass sie uns gleichermaßen für den Tod wie für das Leben geschaffen hat, und uns schon im Leben den ewigen Zustand zeigte, den sie uns nach dessen Ende bestimmt hat, um uns daran zu gewöhnen und uns die Furcht davor zu nehmen. Die aber, die durch einen schweren Unfall in Betäubung gesunken und all ihrer Sinne beraubt worden sind, die haben nach meinem Bedünken um ein weniges sein wahres und eigentliches Gesicht erschaut. Denn nicht vom Nu und Augenblick des Übergangs ist zu befürchten, dass er irgendwelche Beschwernis oder Trübsal mit sich bringe, schon weil wir keiner Empfindung fähig sind, wenn uns die Muße zu ihrer Wahrnehmung fehlt. Unser Leiden bedarf der Zeit, und diese ist beim Tode so kurz und überstürzt, dass er nicht anders als unmerklich sein kann. Das Herannahen ist es, das wir zu fürchten haben; und dieses fällt in den Bereich der Erfahrung.

Manche Dinge scheinen uns in der Einbildungskraft größer, als sie in Wirklichkeit sind. Ich habe einen guten Teil meiner Jahre in voller und ungetrübter Gesundheit verlebt: ich sage nicht nur in voller, sondern in blühender und strahlender. Dieser Zustand voll Kraft und Lustbarkeit ließ mir den Gedanken der Krankheit als so scheußlich erscheinen, dass ich, als ich sie dann am eigenen Leibe erfuhr, ihre Stachel im Vergleich zu meinen Befürchtungen kraftlos und stumpf gefunden habe.

Hier ein tägliches Erlebnis: Sitze ich warm und geschützt in einem behaglichen Raume, dieweil draußen eine Sturmnacht tobt und wettert, so ängstige und sorge ich mich um die armen Leute, die nun unter freiem Himmel sind; bin ich aber selbst mittendrin, so habe ich nicht einmal den Wunsch, mich anderswo zu befinden.

Dies allein, beständig in einem Zimmer eingesperrt zu sein, schien mir unerträglich: Unversehens ward ich genötigt, eine Woche, ja einen Monat unter starken Wallungen, Fiebern und Schwäche das Zimmer zu hüten, und entdeckte, dass ich in gesunden Tagen die Kranken weit mehr bedauert hatte, als ich mich selbst zu bedauern finde, wenn ich es bin, und dass die Macht meiner Einbildungskraft mir das wahre Wesen der Sache um die gute Hälfte übertrieben hatte.

Ich hoffe, dass es mir mit dem Tode desgleichen ergehen wird und dass er der großen Zurüstungen, die ich treffe, und der vielen Beihilfen, die ich zuziehe und zusammentrage, um seinen Angriff auszuhalten, nicht wert ist; aber auf alle Fälle können wir uns nie zu viel vorsehen.

Während unserer dritten Religionsunruhen, oder der zweiten (ich erinnere mich nicht recht daran), als ich eines Tages eine Meile von zu Hause ausgeritten war, der ich im

Mittelpunkt aller Wirren der französischen Bürgerkriege wohne, hatte ich, im Gefühl voller Sicherheit und so nahe bei meinem Hause, dass ich nicht glaubte, besser beritten sein zu müssen, ein bequemes, aber nicht sonderlich starkes Pferd genommen. Auf dem Rückwege, auf dem sich eine unvermutete Gelegenheit geboten hatte, mich dieses Pferdes zu einer Besorgung zu bedienen, deren es nicht recht gewohnt war, wollte einer meiner Leute, ein großer, starker Kerl auf einem mächtigen vierschrötigen Hengst, hartmäulig wie ein Ackergaul, munter im Übrigen und kräftig, seine Kühnheit zeigen und seinen Gefährten vorausjagen und kam mit verhängten Zügeln schnurstracks in meinen Weg gesprengt, so dass er wie ein Koloss auf mich kleinen Reiter auf dem kleinen Pferd stürzte und uns mit seiner Schwere und Wucht alle beide mit zum Himmel gestreckten Beinen zu Boden schleuderte: So lag da das Pferd ganz betäubt der Länge nach hingestreckt, ich zehn oder zwölf Schritt weiter, wie tot, hintenüber geworfen, das Gesicht zerschunden und zerrissen, mein Degen, den ich in der Hand gehabt hatte, noch zehn Schritte weiter weg und mein Degengurt in Fetzen, ohne alle Bewegung und Empfindung, nicht mehr als ein Holzklotz. Es ist die einzige Ohnmacht, die ich bis dahin erlebt habe. Als meine Begleiter mit allen erdenklichen Mitteln versucht hatten, mich wieder zu mir zu bringen, luden sie mich für tot auf ihre Arme und trugen mich mit vieler Mühe nach meinem Hause, das von da etwa eine halbe französische Meile entfernt war. Nachdem man mich unterwegs zwei lange Stunden für entseelt gehalten hatte, fing ich an, mich zu bewegen und Atem zu holen: Denn es war mir eine solche Menge Blut in den Magen getreten, dass die Natur, um ihn zu entleeren, ihre Kräfte wieder auferwecken musste. Man stellte mich auf die Füße, wobei ich einen ganzen Eimer schierer Blutklumpen von mir gab, und man musste dies noch mehrere Male auf dem Wege mit mir wiederholen. Dadurch begann ich mich wieder ein wenig zu beleben, doch so unmerklich und mit solcher Langsamkeit, dass meine ersten Empfindungen dem Tode weit ähnlicher waren als dem Leben.

> Darum, noch im Zweifel, ob sie wirklich wiederkehre,
> vermag die erschrockene Seele noch nicht, sich zu fassen.[1]

Diese tief in meine Seele geprägte Erinnerung, die mir sein Antlitz und sein Wesen so nahezu greifbar vorstellt, versöhnt mich ein wenig mit ihm. Als ich wieder zu sehen begann, war mein Gesicht so trüb, so schwach und so tot, dass ich nichts als das Licht wahrnahm,

> so wie einer, der die Augen bald aufschlägt, bald schließt,
> halb zwischen Schlafen und Wachen.[2]

Die Tätigkeit der Seele erwachte im gleichen Maße wieder wie die des Körpers. Ich sah mich ganz blutüberströmt; denn mein Wams war über und über mit dem erbrochenen Blut befleckt. Der erste Gedanke, der mir aufdämmerte, war der, ich hätte eine Flintenkugel im Kopfe; in der Tat wurde zu jener Zeit um uns her viel geschossen. Es war mir, als schwebte mein Leben nur noch am Rande meiner Lippen; ich schloss die Augen, um, wie mir schien, es vollends verscheuchen zu helfen, und empfand eine Lust daran, mich der Mattigkeit hinzugeben und mich gehen zu lassen. Es war ein Vorstellungsbild, das nur ganz auf der Oberfläche meiner Seele schwang, und so zart und schwach wie alles Übrige, doch in Wahrheit nicht nur frei von allem Unbehagen, sondern von jener wohligen Süße durchdrungen, die einer empfindet, der sich in den Schlaf gleiten lässt.

Ich glaube, in diesem Zustand befinden sich auch jene, die wir mit ermatteten Kräften im Todeskampf versinken sehen; und ich bin überzeugt, dass wir sie ohne Ursache beklagen, im Glauben, sie seien von heftigen Schmerzen geschüttelt und ihre Seelen von quälenden Gedanken bedrängt. Ich war immer der Meinung, entgegen den Ansichten mancher anderer und sogar Étienne de La Boéties, dass jene, die wir so hingestreckt und schlaftrunken ihrem Ende zudämmern sehen, oder von langwieriger Krankheit verzehrt, oder vom Schlag gerührt, oder von der fallenden Sucht niedergeworfen,

> von der Krankheit Gewalt oftmals bezwungen,
> plötzlich vor unsern Augen, wie vom Schlage des Blitzes,
> bricht er zusammen, schäumt, stöhnt auf und bebt an den Gliedern,
> ist von Sinnen, verkrampft die Sehnen, windet sich, keuchet
> stoßweis, wirft in die Luft die Glieder und quält sie vergebens,[3]

oder von einer Kopfwunde geschwächt, die wir röcheln und zuweilen durchdringend aufstöhnen hören, wiewohl wir an ihnen einige Zeichen gewahren, nach denen uns scheint, dass ihnen noch ein Rest von Bewusstsein bleibt, und wir sie ihre Glieder noch ein wenig bewegen sehen; ich habe immer gedacht, sage ich, dass sie an Leib und Seele in tiefem Schlaf befangen lägen:

> Er lebt und ist sich selbst nicht seines Lebens bewusst.[4]

Und ich konnte nicht glauben, dass in einer so großen Betäubung der Glieder und Verstörung der Sinne die Seele in sich die Kraft bewahren konne, ihrer selbst bewusst zu sein; dass sie solchermaßen noch Besinnung besäßen, die sie peinigen und das Elend ihrer Lage erkennen und fühlen lassen könnte; und glaubte folglich, dass sie nicht zu sehr zu bedauern seien.

Ich kann mir keinen Zustand vorstellen, der mir unerträglicher und schauerlicher wäre, als bei lebendiger und schmerzerfüllter Seele der Fähigkeit beraubt zu sein, ihr Ausdruck zu verleihen; wie jene, möchte ich sagen, die man zur Hinrichtung führt, nachdem man ihnen die Zunge abgeschnitten hat, wäre es nicht, dass bei dieser Art des Todes der Stummste mir als der Anständigste erscheint, wenn er mit standhaftem und würdigem Gesicht einhergeht; und wie jene unglücklichen Gefangenen, die der Soldateska unserer Zeit, diesen ruchlosen Henkersknechten, in die Hände fallen und von ihnen mit allen Arten grausamer Misshandlung gepeinigt werden, um ein ungeheures und unmögliches Lösegeld aus ihnen zu pressen, und derweil unter Bedingungen und an Orten festgehalten werden, die sie jeder Möglichkeit berauben, ihre Gedanken und ihr Elend auszudrücken oder erkennen zu lassen.

Die Dichter haben sich einige gnädige Gottheiten erdichtet, deren Hilfe denen angedieh, die so eines langsamen Todes dahinsiechten,

> dieses Haar bringe ich dem Pluto dar,
> wie mir befohlen, und löse dich aus diesem Leibe.[5]

Und die abgehackten und verworrenen Laute und Antworten, die man ihnen zuweilen entreißt, wenn man ihnen laut genug in die Ohren schreit und sie schüttelt, oder die Bewegungen, die so etwas wie Zustimmung zu dem zu enthalten scheinen, was man sie fragt, sind keine Beweise, dass sie doch noch leben, wenigstens im vollen Sinne des Wortes. So widerfährt es uns auch im Lallen des Schlafes, ehe wir ganz in ihm versunken sind, dass wir wie im Traum wahrnehmen, was um uns her vorgeht, und dem Klang der Worte mit getrübtem und unbestimmtem Gehör folgen, das nur bis an den äußeren Saum der Seele zu dringen scheint; und dann geben wir Antworten auf der Fährte der letzten Worte, die man uns gesagt hat, in denen mehr Zufall als Sinn ist.

Jetzt aber, da ich es am eigenen Leibe erfahren habe, zweifle ich nicht mehr daran, dass ich bis zur Stunde ganz richtig darüber geurteilt habe. Denn erstlich mühte ich mich, da ich noch ganz in Ohnmacht lag, mit Ziehen und Zerren, mein Wams zu öffnen (denn ich war entwaffnet), und weiß doch, dass ich in meiner Vorstellungskraft nichts spürte, was mich gedrückt hätte; denn es gibt in uns mancherlei Regungen, die nicht von unserem Willen ausgehen.

> Halbentseelt zucken sie mit den Fingern und umklammern die Schwerter.[6]

So strecken Fallende die Arme vor sich, aus einem natürlichen Antrieb, dank dem unsere Glieder sich untereinander Hilfe leisten und sich regen, ohne auf unsere Überlegungen zu warten:

> Sicheltragende Wagen, erzählt man, schneiden die Glieder,
> dass auf dem Boden noch zu zittern scheint, was von den Gliedern
> sank entrissen herab, denn Geist und Kraft auch des Menschen
> vermögen wegen der Raschheit des Leids den Schmerz nicht zu spüren.[7]

Mein Magen war von dem geronnenen Blute beschwert, meine Hände fuhren von selbst hin, wie sie oft dahin fahren, wo es uns juckt, auch gegen das Geheiß unseres Willens. Es gibt manche Tiere und selbst Menschen, an denen man nach ihrem Hinschiede die Muskeln sich spannen und zucken sieht. Ein jeder weiß aus Erfahrung, dass es Glieder gibt, die sich mitunter ohne unsere Erlaubnis regen, aufrichten und wieder legen. Diese Erregungen aber, die uns nur äußerlich berühren, können nicht die unseren genannt werden. Damit sie unser seien, müsste der Mensch voll und ganz an ihnen teilnehmen; und die Schmerzen, die der Fuß oder die Hand verspürt, während wir schlafen, gehören nicht uns an.

Als ich in die Nähe meines Hauses gelangte, wo sich die Schreckenskunde von meinem Sturz bereits verbreitet hatte, und meine Hausgenossen mir mit dem bei solchem Anlass üblichen Geschrei entgegengeeilt waren, da gab ich nicht nur einige Worte zur Antwort auf das, was man mich fragte, sondern ich habe, wie man mir sagt, sogar daran gedacht, zu befehlen, dass man meiner Frau ein Pferd bringe, da ich sie auf dem steilen und holprigen Wege straucheln und sich abmühen sah. Es sollte scheinen, dass eine solche Besorgnis von einem wachen Bewusstsein ausgehen musste; und doch war ich keineswegs bei mir: Es waren haltlose, nebelhafte Gedankengebilde, die von den Eindrücken des Gesichts und Gehörs erregt wurden; sie kamen nicht von mir. Ich wusste bei alledem nicht, woher ich kam, noch wohin ich ging; ich war nicht imstande, zu wägen und zu bedenken, was man mich fragte: Es waren flüchtige Wirkungen, welche die Sinne aus sich selbst hervorbrachten, wie aus einer Gewohnheit; was die Seele dazu beitrug, tat sie träumend, ganz leicht angerührt, gleichsam nur angetupft und benetzt vom schwachen Eindruck der Sinne. Derweil war mein Befinden in Wahrheit sehr sanft und friedlich; ich war ohne Kummer, weder um andere noch um mich: Es war eine Mattigkeit und äußerste Schwäche ohne allen Schmerz. Ich sah mein Haus, ohne es zu erkennen. Als man mich zu Bett gebracht hatte, empfand ich ein unsägliches Wohlgefühl an dieser Ruhe; denn ich war von den armen Leuten, die sich die Mühe aufgebürdet hatten, mich über einen langen und sehr schlechten Weg auf ihren Armen zu tragen, und die sich dabei zwei oder drei Male hatten ausruhen und abwechseln müssen, übel herumgezerrt worden. Man bot mir eine Menge Arzneien an, von denen ich nicht eine nahm, weil ich fest glaubte, ich sei am Kopfe tödlich verwundet. Das wäre wahrlich ein seliger Tod gewesen: Denn die Schwäche meines Geistes bewahrte mich davor, im geringsten darüber nachzusinnen, und die Schwäche meines Leibes, ihn im geringsten zu fühlen. Ich ließ mich so sachte hingleiten und in so sanfter und wohliger Weise, dass ich mich kaum eines andern Vorgangs besinne, der weniger beschwerlich gewesen wäre, als dieser es war.

Als ich mich wieder zu beleben und zu Kräften zu kommen begann,

> da endlich meine Sinne ihre erste Lebhaftigkeit wieder bekamen,[8]

was zwei oder drei Stunden später geschah, fühlte ich mich auf einen Schlag wieder den Schmerzen preisgegeben, denn meine Glieder waren vom Sturz ganz zerquetscht und zerschlagen; und ich war danach zwei oder drei Nächte hindurch so elend, dass ich noch einmal sterben zu müssen vermeinte, aber eines bittrern Todes; und ich fühle jetzt noch den Stoß jenes Aufpralls. Ich will nicht vergessen, dass das Letzte, dessen ich mich entsinnen konnte, der Unfall selbst war; und ich ließ mir einmal übers andere hersagen, wohin ich ging, woher ich kam, um welche Stunde mir dies geschah, bevor ich es fassen konnte. Die Umstände meines Sturzes verbarg man mir, um den zu schonen, der ihn verursacht hatte, und machte mir andere weis. Aber lange Zeit danach, des folgenden Tages, da meine Erinnerung sich allmählich wieder aufhellte und mir meine Lage in jenem Augenblick wieder vor Augen führte, in dem ich das Pferd auf mich hereinbrechen sah (denn ich hatte ihn auf meinen Fersen wahrgenommen und hielt mich für ein Kind des Todes, doch dieser Gedanke war so plötzlich gewesen, dass die Furcht nicht Zeit fand, darin Fuß zu fassen), da schien es mir, dass ein Blitzstrahl meine Seele mit einem Schlage erleuchte und dass ich aus der andern Welt zurückkehre.

Diese Erzählung über einen so geringfügigen Vorfall wäre recht bedeutungslos, wäre nicht die Erkenntnis, die ich daraus für mich gezogen habe: Denn in der Tat, um sich mit dem Tod vertraut zu machen, finde ich, braucht man sich ihm nur zu nähern. Ein jeder aber, sagt Plinius, ist sich selbst der beste Lehrmeister, wenn er nur das Vermögen hat, sich aus der Nähe zu beobachten. Dies hier ist nicht meine Lehrmeinung, es ist meine Erfahrung; und ist nicht die Lehre anderer, sondern die meine.

Indessen darf man es mir nicht verübeln, wenn ich sie mitteile. Was mir dienlich ist, kann allenfalls auch einem andern dienen. Inzwischen tue ich niemand Schaden; ich gebrauche nur, was mein ist. Und wenn ich den Narren mache, so tue ich es auf eigene Kosten, ohne Nachteil für irgendwen. Denn es ist eine Narrheit, die mit mir stirbt und keine Folge nach sich zieht. Nur von zwei oder drei unter den Alten haben wir Nachricht, die diesen Weg begangen haben; und dabei wissen wir nicht, ob es in irgend ähnlicher Art geschah, wie hier, denn wir kennen nichts von ihnen als die Namen. Niemand ist seitdem ihrer Spur gefolgt. Es ist ein dorniges Unterfangen, verfänglicher, als man glaubt, einer so unstet schweifenden Bewegung wie der unseres Geistes nachzugehen; in die undurchsichtigen Tiefen seiner innersten Falten einzudringen; so viele unmerkliche Eigenheiten seiner Regungen aufzuspüren und festzuhalten. Und es ist ein neuer und außergewöhnlicher Zeitvertreib, der uns von den gemeinen Weltgeschäften abzieht, ja auch von denen, die uns am dringendsten ans Herz gelegt sind. Es ist nun mehrere Jahre her, dass ich nur mich selber zum Ziel meines Denkens habe und nichts erkunde und erforsche als mich; und wenn ich mich mit etwas anderem beschäftige, so geschieht es, um es unverzüglich auf mich anzuwenden, oder in mir, um es besser auszudrücken. Und ich glaube mich nicht zu verfehlen, wenn ich, wie man es in andern unvergleichlich viel weniger nützlichen Wissenschaften tut, das mitteile, was ich in dieser gelernt habe: Wiewohl ich von den Fortschritten, die ich darin gemacht habe, nicht sonderlich erbaut bin. Es gibt keine Darstellung, die der Darstellung seiner selbst an Schwierigkeit gleichkommt, doch gewiss auch nicht an Nutzen. Immerhin muss man sich erst kämmen, muss sich zurichten und bürsten, um sich öffentlich zu zeigen. So aber putze ich mich ohne Unterlass; denn ich stelle mich ohne Unterlass dar.

Gebrauch und Sitte haben das Reden von sich selbst zu einer Untugend erklärt und verbieten es hartnäckig, aus Abscheu vor der Ruhmredigkeit, die stets den Selbstzeugnissen anzuhaften scheint. Das heißt dem Kind, dem man die Nase schneuzen sollte, stattdessen die Nase abschneiden.

Um den Fehler zu fliehen, fällt man in das Laster.[9]

Ich finde mehr Schädlichkeit als Wohltat in diesem Heilmittel. Aber wenn es auch wahr wäre, dass unvermeidlich Dünkel darin ist, wenn man die Welt von sich selbst unterhält, so darf ich doch meinem allgemeinen Vorhaben zufolge eine Handlung nicht unterlassen, die diese krankhafte Veranlagung ruchbar macht, da sie nun einmal in mir ist; und darf diesen Fehler, der mir nicht nur unterläuft, sondern zum Beruf geworden ist, nicht verbergen. Um jedoch zu sagen, was ich davon halte, hat diese Sitte das Unrecht, den Wein zu verdammen, weil einige sich daran betrinken. Man kann Missbrauch nur mit Dingen treiben, die gut sind. Und ich glaube, dass diese Regel nur die pöbelhaften Missbräuche betrifft. Es sind Scheuklappen für Kälber, mit denen sich weder die Heiligen, die wir so laut von sich selbst reden hören, noch die Philosophen, noch die Theologen aufzäumen. So tue es auch ich nicht, obwohl ich das eine so wenig wie das andere bin. Wenn sie ihre Schriften auch nicht ausdrücklich darauf anlegen, so zieren sie sich jedenfalls nicht, sobald sich ihnen Gelegenheit bietet, sich auf der Gasse recht weit nach vorne zu drängen. Wovon handelt Sokrates eingehender als von sich? Worauf lenkt er das Gespräch seiner Schüler häufiger als darauf, von sich selbst zu reden, nicht von der Lektion ihres Buches, sondern vom Wesen und den Regungen ihrer Seele? Wir teilen uns gewissenhaft Gott und unserem Beichtvater mit, wie unsere protestantischen Nachbarn der ganzen Gemeinde. Aber, wendet man ein, wir sagen dabei nur das, was uns beschuldigt. Also sagen wir alles: Denn selbst unsere Tugend ist schuldhaft und der Buße bedürftig. Mein Handwerk und meine Kunst ist, zu leben. Wer mir verbietet, davon nach meinem Sinn, nach meiner Erfahrung und nach meiner Weise zu reden, der möge dem Baumeister vorschreiben, von Bauten nicht nach seiner Einsicht, sondern nach der seines Nachbarn zu sprechen; nach der Wissenschaft eines andern, nicht nach der seinen. Wenn es Ruhmsucht ist, seine Vorzüge zur Kenntnis zu bringen, warum streicht denn Cicero nicht die Beredsamkeit des Hortensius, und Hortensius die des Cicero heraus? Vielleicht meint man es so, dass ich durch Werke und Taten von mir zeugen sollte, nicht bloß mit Worten. Ich schildere vornehmlich mein Denken, einen ungestalten Gegenstand, der nicht in Werktätigkeit umgesetzt werden kann. Mit bestem Bemühen kann ich es nur eben in diese luftige Gestalt des Wortes bringen. Weisere und frömmere Männer haben all ihr Leben jede äußere Wirksamkeit gemieden. Die Werke würden mehr von den Fügungen des Glücks aussagen als von mir. Sie zeugen von ihrer Größe, nicht von der meinen, es sei denn mutmaßlich und von ungefähr, als Probestückchen einer besonderen Schaustellung. Ich enthülle mich ganz: Es ist ein skeletos,[10] an dem auf den ersten Blick die Adern, die Muskeln, die Sehnen hervortreten, jeder Teil an seinem Ort. Die Wirkung des Hustens brachte einen Teil davon zum Vorschein, die Wirkung des Schrecks oder des Herzklopfens einen andern, und nur undeutlich. Nicht meine Handlungen beschreibe ich, sondern mich selbst, mein Wesen. Ich finde, man muss bei der Einschätzung seiner selbst mit Vorsicht zu Werke gehen und mit gleicher Gewissenhaftigkeit darauf achten, dass man sein Zeugnis weder zu hoch noch zu niedrig ansetze. Wenn ich mir gut und weise vorkäme, oder annähernd so, ich würde es aus vollem Halse verkünden. Weniger von sich sagen, als an einem ist, das ist Torheit, nicht Bescheidenheit. Sich billiger geben, als man wert ist, das ist nach Aristoteles Feigheit und Kleinmut. Keine Tugend fußt auf Falschheit; und die Wahrheit ist niemals ein Quell des Irrtums. Mehr von sich sagen, als an einem ist, braucht nicht immer Anmaßung zu sein, auch dies ist oft Torheit. Sich über die Maßen in dem zu gefallen, was man ist, darüber in eine unbändige Eigenliebe zu verfallen, ist nach meiner Meinung der Wesenszug dieses Lasters. Das ausgezeichnetste Heilmittel dagegen ist, gerade das Gegenteil von dem zu tun, was diese verordnen, die durch ihr Verbot, über sich selbst zu reden, zugleich und noch mehr verbieten, über sich selbst nachzudenken. Der Hochmut sitzt im Denken. Die Zunge kann daran nur sehr geringfügigen Anteil haben. Sich mit sich selbst abgeben, scheint ihnen, heiße an sich Gefallen finden; bei sich selbst ein- und ausgehen heiße, in sich selbst vergafft sein. Dem kann so sein. Aber dieser Überschwang entspringt nur in denen, die sich bloß obenhin betasten; die sich nur am Feierabend nach ihren Geschäften besehen, die es Schwärmerei und Müßiggang nennen, sich mit sich selbst zu beschäftigen, und für die sich selbst ausbilden und vervollkommnen Luftschlösser bauen heißt: die sich selbst als ein drittes und ihnen fremdes Ding betrachten.

Wenn einer, der bloß vor die eigenen Füße blickt, sich an der Größe seines Wissens berauscht, so hebe er seine Augen zu den vergangenen Jahrhunderten auf, und er wird seine Hörner einziehen, wenn er dort Geister zu Tausenden findet, denen er nicht das Wasser reichen kann. Wenn er in einen selbstgefälligen Dünkel über seine Tapferkeit verfällt, so halte er sich das Leben des Scipio, des Epaminondas, so vieler Heere, so vieler Völker vor Augen, die ihn so weit hinter sich lassen. Kein besonderer Vorzug wird den überheblich machen, der daneben die vielen Unvollkommenheiten und Schwächen, die in ihm sind, mit in seine Rechnung setzt, und dazu am Ende die Nichtigkeit des Menschenloses.

Weil Sokrates als Einziger das Gebot seines Gottes ernstlich zu Herzen genommen hatte: Erkenne dich selbst, und bei diesem Bestreben dahin gelangt war, sich selbst zu verachten, ward er allein des Beinamens: der Weise, würdig erachtet. Wer sich so erkennt, der gebe sich kühn durch seinen Mund zu erkennen.

Von der Ablenkung

Ich hatte einst eine wahrhaft bekümmerte Dame zu trösten; denn die meisten ihrer Trauerfälle sind erkünstelt und der Schicklichkeit halber:

> Stets reichlich mit Tränen versehen,
> die ihrem Gebot stets bereit stehen
> und nur ihres Winkes warten, um zu entströmen.[1]

Man geht dabei ungeschickt zu Werke, wenn man sich dieser Leidenschaft entgegensetzt, denn der Widerspruch stachelt sie an und verstrickt sie noch tiefer in die Trübsal: Man verschärft das Übel durch die Hitze der Rechthaberei. Wir sehen in ganz gewöhnlichen Gesprächen, dass ich, wenn man mir etwas bestreiten will, was ich achtlos hingeworfen habe, mich darüber ereifere und darauf bestehe; umso mehr in Dingen, die mir am Herzen liegen. Und sodann, indem ihr so vorgeht, führt ihr euch bei eurem Beginnen mit einem barschen Auftreten ein, wo doch der erste Zuspruch des Arztes an seinen Kranken freundlich, huldvoll und einnehmend sein muss: Und nie hat ein hässlicher und mürrischer Arzt etwas Rechtes ausgerichtet. Man muss also im Gegenteil zum Anfang in ihre Klagen einstimmen, ihnen Vorschub leisten und ihnen einige Beipflichtung und Nachsicht bekunden. Durch dieses Einverständnis gewinnt man Zutrauen, um weiterzugehen, und mit sachter und unmerklicher Hinwendung gleitet man zu den kraftvolleren und für ihre Heilung zuträglicheren Erwägungen über.

Ich, der ich damals zur Hauptsache nur darauf ausging, den Umstehenden, die ihre Augen auf mich gerichtet hatten, etwas vorzumachen, verfiel darauf, das Übel zu verpflastern. Auch weiß ich aus Erfahrung, dass ich im Überreden eine ungeschickte und unglückliche Hand habe. Entweder trage ich meine Gründe zu spitz und zu trocken vor, oder zu unvermittelt, oder zu nonchalant. Nachdem ich eine Weile auf ihren Schmerz eingegangen war, versuchte ich nicht, ihn durch starke und lebhafte Gründe zu heilen, weil ich solche Gründe nicht habe, oder weil ich meine Absicht auf andere Weise besser zu erreichen dachte; noch auch wählte ich eine der verschiedenen Arten der Tröstung, die uns die Philosophie vorschreibt: dass das, worüber man klagt, kein Übel sei, wie Kleanthes lehrt; dass es ein leichtes Übel sei, wie die Peripatetiker; dass dieses Klagen weder gerecht noch löblich sei, wie Chrysippus; noch die des Epikur,[2] die meiner Art näherkommt, nämlich seine Gedanken von den verdrießlichen auf die erfreulichen Dinge zu wenden; noch sammelte ich eine Ladung von diesem ganzen Haufen, um davon nach Zeit und Gelegenheit auszuteilen, wie Cicero; sondern indem ich ganz sanft unser Gespräch nach und nach auf näherliegende Gegenstände neigte und hinüberleitete, dann in dem Maße auf etwas entferntere, in dem sie sich mir mehr anvertraute, verscheuchte ich ihr unvermerkt diese schmerzlichen Gedanken und erhielt sie in guter und ganz besänftigter Fassung, solange ich bei ihr war. Ich bediente mich der Ablenkung. Jene, die mir in dieser gleichen Aufgabe nachfolgten, fanden gar keine Besserung vor, denn ich hatte die Axt nicht an die Wurzel gelegt.

[…]

Diese andere Erzählung gehört auch zu dieser Kategorie von Argumenten. Atalanta, ein Mädchen von hervorragender Schönheit und wundersamen Anlagen, hatte, um sich der großen Zahl der Freier zu entledigen, die sie zu Tausenden heiraten wollten, ihnen folgendes Gesetz vorgelegt: Sie würde denjenigen heiraten, der ebenso schnell laufen konnte wie sie, diejenigen aber würden ihr Leben verlieren, die unterlegen waren. Es fanden sich derer genügend, die die Belohnung einer solchen Gefahr für würdig hielten und sich der Gefahr eines solch grausamen Handels aussetzten. Hippomenes, der nun nach den anderen seinen Versuch antreten sollte, wandte sich an die Schutzgöttin dieser hitzigen Liebesleidenschaft und bat sie um Hilfe. Sie erhörte seine Bitte, stattete ihn mit drei goldenen Äpfeln und der Kunst ihres Gebrauchs aus. Die Laufbahn ward geöffnet, und als Hippomenes fühlt, dass seine geliebte Herrin ihm auf den Fersen ist, lässt er, wie aus Unachtsamkeit, einen der Äpfel fallen. Von seiner Schönheit angetan, fehlt das Mädchen nicht, sich umzuwenden, um ihn aufzuheben:

> Staunend stutzte die Maid; nach dem glänzenden Apfel verlangend,
> lenkte sie ab von der Bahn und hob das rollende Gold auf.[3]

Ebenso machte er es zum richtigen Zeitpunkt mit dem zweiten und dem dritten, so dass er durch diese Irreführung und Zerstreuung den Vorteil des Laufes auf seiner Seite hatte.

Wenn die Ärzte den Katarrh nicht austreiben können, so lenken sie ihn ab und lassen ihn in einen weniger gefährlichen Körperteil fahren. Ich bemerke, dass dies auch das gewöhnlichste Heilmittel gegen die Krankheiten der Seele ist. «Abzulenken ist er auch bisweilen auf andere Beschäftigungen, Aufregungen, Sorgen und Geschäfte. Endlich muss man ihn häufig durch einen Ortswechsel, gleich wie Kranke, die sich nicht erholen, heilen.»[4] Man lässt sie selten geradewegs gegen die Übel anrennen; man lässt sie ihre Anfälle weder aushalten noch abschlagen, man lässt sie ausweichen und sie von sich ablenken.

Jene andere Übung ist zu hoch und zu schwer. Nur den Erlesensten kommt es zu, sich allein an die Sache selbst zu halten, sie ins Auge zu fassen und über sie zu urteilen. Nur einem Sokrates ist es gegeben, mit unverwandtem Blick dem Tod entgegenzugehen, mit ihm vertraut zu werden und zu spielen. Er sucht keinen Trost abseits der Sache; das Sterben erscheint ihm als ein natürliches und gleichgültiges Ereignis; gerade darauf richtet er seinen Blick und hält sich daran, ohne woanders hinzusehen. Die Schüler des Hegesias, die sich, entflammt von den schönen Grundsätzen seiner Unterweisungen, Hungers sterben lassen, und so scharenweise, dass der König Ptolomäus ihm verbieten ließ, in seiner Schule weiter diese mörderischen Lehren vorzutragen, die bedenken nicht den Tod für sich selbst und urteilen nicht über ihn: Nicht auf ihn heften sie ihre Gedanken; sie laufen und streben nach einem neuen Sein. Die armen Menschen, die man auf dem Blutgerüst, von heißer Frömmigkeit erfüllt, all ihre Sinne, soviel sie können, die Ohren auf die Ermahnungen richten sieht, die man ihnen gibt, die Augen und Hände gen Himmel, die Stimme zu lauten Gebeten erhoben, in heftiger und ununterbrochener Leidenschaft, die handeln gewiss löblich und einer solchen Not angemessen. Man muss sie für ihren religiösen Glauben loben, aber nicht eigentlich für ihre Standhaftigkeit. Sie fliehen den Kampf; sie wenden ihre Betrachtung vom Tode ab, wie man die Kinder zerstreut, während man ihnen den Lanzettstich beibringen will. Ich habe deren gesehen, wenn einmal von ungefähr ihr Auge auf die schrecklichen Zurüstungen der Hinrichtung fiel, die um sie her vorgingen, wie sie erschauerten und ihre Gedanken mit rasender Inbrunst anderwärts hinretteten. Denen, die einen furchtbaren Abgrund überschreiten müssen, rät man an, ihre Augen zu schließen oder abzuwenden.

Subrius Flavus sollte auf Befehl des Nero hingerichtet werden, und dies durch die Hand des Niger, alle beide waren Kriegsherren: Als man ihn in das Lager führte, wo die Hinrichtung stattfinden sollte, sah er das Loch, das Niger hatte graben lassen und in dem er liegen sollte, ungleichmäßig und schlecht ausgehoben: «Nicht einmal das», so wandte er sich an die umstehenden Soldaten, «ist nach militärischer Disziplin ausgeführt.» Und zu Niger, der ihn ermahnte, den Kopf ruhig zu halten: «Mögest du doch nur ebenso standfest zuschlagen!» Und er hatte recht geraten. Denn der Arm Nigers zitterte, und er schlug ihn mit mehreren Hieben ab.[5] Dieser also scheint seine Gedanken gerade und entschlossen auf die Sache gerichtet zu haben.

Der mit gewaffneter Hand im Kampfgewühl fällt, stellt keine Todesbetrachtung an, er fühlt ihn nicht und bedenkt ihn nicht: Die Hitze der Schlacht reißt ihn mit. Ein ehrbarer Mann aus meiner Bekanntschaft, der in einem Zweikampf gestürzt war und, am Boden hingestreckt, fühlte, wie sein Gegner ihn mit neun oder zehn Degenstößen durchbohrte, indes alle Umstehenden ihm zuriefen, er solle an sein Gewissen denken, hat mir seitdem erzählt, dass ihm zwar diese Stimmen an die Ohren drangen, jedoch ihn nicht im geringsten berührten, und dass er an nichts anderes dachte, als wieder auf die Füße zu kommen und sich zu rächen. Er tötete seinen Mann noch in diesem selben Zweikampf.

Einen guten Dienst richtet derjenige aus, der dem Lucius Silanus das Todesurteil ankündigte: Als er nämlich die Antwort gehört hatte, er sei zwar gut auf den Tod vorbereitet, nicht aber darauf, von schändlicher Hand zu sterben, stürzte er sich mit seinen Soldaten auf ihn, um ihn zu bezwingen. Und weil dieser, nun gänzlich unbewaffnet, sich heftig mit Händen und Füßen zur Wehr setzte, brachte er ihn in diesem Kampf um. Er zerstreute also durch seinen plötzlichen und heftigen Zorn das schmerzliche Gefühl eines langen, für ihn vorbereiteten Todes, für den er bestimmt war.[6]

Wir denken immer an anderes;[7] die Hoffnung auf ein besseres jenseitiges Leben hält und stützt uns, oder die Hoffnung auf die Größe unserer Kinder oder den künftigen Ruhm unseres Namens, oder die Flucht aus den Übeln dieses Lebens, oder die Rache, die unseren Mördern droht:

> Ich aber hoffe, du wirst – wenn fromme Götter voll Macht sind –
> reichlich büßen, von Klippen umdroht, wirst Dido beim Namen
> oft noch rufen …
> Hören werde ich's tief zu den Manen kommt diese Kunde.[8]

Xenophon opferte mit gekränztem Haupt den Göttern, als man ihm die Nachricht vom Tod seines Sohnes Gryllus in der Schlacht von Mantineia überbrachte. In der ersten Gefühlsregung bei dieser Neuigkeit warf er seine Krone zu Boden, aber als er mit dem fortgesetzten Bericht die Art und Weise des überaus tapferen Todes vernahm, hob er sie auf und setzte sie sich wieder auf den Kopf.

Selbst Epikur tröstet sich über sein Ende mit der Ewigkeit und der Nützlichkeit seiner Schriften. «Alle berühmten und edlen Taten sind zu ertragen.»[9] Und dieselbe Wunde, dieselbe Arbeit, sagt Xenophon, hat für einen General einer Armee und für einen Soldaten nicht dasselbe Gewicht. Epaminondas nahm seinen Tod um ein vieles leichter, als er erfuhr, dass der Sieg seiner geblieben war. «Das ist Trost, das ist Balsam für die größten Schmerzen.»[10] Und diese anderen

Begleitumstände beschäftigen uns, vergnügen uns und lenken uns von der Betrachtung der Sache selbst ab.

Selbst die Schlüsse der Philosophie streifen jedesmal nur die Sache, weichen ihr aus und berühren sie kaum an ihrer Kruste. Der erste Gründer der ersten und allen andern voranschreitenden Philosophenschule, der große Zeno, spricht gegen den Tod: Kein Übel ist ehrwürdig; der Tod ist es, also ist er kein Übel; gegen die Trunksucht: Niemand vertraut sein Geheimnis einem Betrunkenen an; jedermann vertraut es dem Weisen: Also wird der Weise kein Trunkenbold sein. Heißt das ins Schwarze treffen? Es freut mich, zu sehen, wie diese fürstlichen Seelen sich nicht von unserer Menschlichkeit lösen können. So vollkommene Menschen sie auch seien, sie sind immer sehr erdenschwer nur Menschen.

Die Rachgier ist eine süße Leidenschaft von großer und natürlicher Gewalt. Ich sehe es wohl, wenn ich darin schon selbst keine Erfahrung besitze. Um neulich einen jungen Fürsten[11] davon abzubringen, kam ich nicht daher und sagte ihm, man müsse dem, der uns auf die linke Backe geschlagen, aus Pflicht der Nächstenliebe die rechte bieten; noch stellte ich ihm die tragischen Folgen vor Augen, die dieser Leidenschaft in der Dichtung zugeschrieben werden. Ich ließ sie auf sich beruhen und erging mich darin, ihm die Schönheit einer entgegengesetzten Vorstellung auszumalen: die Ehre, die Gunst und das Wohlwollen, die er sich durch Milde und Güte erwürbe; ich lenkte ihn auf den Ehrgeiz ab. Das ist das rechte Verfahren.

Wenn in der Liebe eure Leidenschaft zu mächtig ist, so verteilt sie, sagt man, und man sagt wahr, denn ich habe es oft mit Erfolg erprobt: Zerbrecht sie in verschiedene Begierden, unter denen eine vorherrschen und gebieten mag, wenn ihr wollt; aber damit sie euch nicht ganz knechte und unterjoche, schwächt sie und gebietet ihr Einhalt, indem ihr sie teilt und zerstreut.

> Wenn Du die stärkste Brunst fühlst,
> So wirf den gesammelten Saft in einen beliebigen Körper.[12]

Und sorgt beizeiten vor, damit ihr nicht in Pein geratet, wenn sie euch einmal in ihrer Gewalt hat:

> Wenn du mit neuem Schlag nicht die ersten Wunden erschütterst
> Und durch schweifende Venus vorher sie frisch noch behandelst.[13]

Ich ward einst von einem für mein Gemüt mächtigen Kummer ergriffen, einem Kummer, der noch mehr berechtigt als mächtig war;[14] ich wäre darüber vielleicht zugrunde gegangen, wenn ich mich einzig auf meine Kräfte verlassen hätte. Da ich einer heftigen Ablenkung bedurfte, um ihn zu beschwichtigen, verliebte ich mich mit Vorbedacht nach allen Regeln der Kunst, wozu mir mein Alter behilflich war. Die Liebe erleichterte mich und stillte den Schmerz, den mir die Freundschaft verursacht hatte. Desgleichen in allen Dingen: Eine bittere Phantasie hält mich in ihrem Bann; ich finde es leichter, sie zu vertauschen, als sie zu bezwingen; kann ich sie nicht mit einer gegenteiligen verdrängen, so doch mit einer anderen. Die Abwechslung erleichtert, lockert und zerstreut immer. Kann ich sie nicht bekämpfen, so entwische ich ihr, und auf der Flucht schlage ich ihr Schnippchen und Finten: Ich ändere Ort, Geschäft und Gesellschaft, ich rette mich ins Gedränge anderer Beschäftigungen und Gedanken, wo sie meine Spur verliert und von mir ablässt.

So verfährt die Natur vermöge der Wohltat der Unbeständigkeit: Die Zeit, die sie uns zum unfehlbaren Arzt unserer Leidenschaften gegeben hat, tut ihre Wirkung vornehmlich dadurch, dass sie unsere Einbildungskraft mit immer anderen und anderen Dingen beschäftigt und dadurch die erste Empfindung, so stark sie auch sei, auflöst und zermürbt. Ein Weiser hat nach fünfundzwanzig Jahren den sterbenden Freund kaum weniger deutlich vor Augen als in den ersten Monaten; und nach dem Epikur um nichts weniger, denn er schrieb weder der Voraussicht noch der darüber hingegangenen Zeit irgendeine Linderung des Ungemachs zu. Aber so mancherlei andere Gedanken durchkreuzen diesen einen, dass er am Ende erlahmt und ermattet.

Um die Aufmerksamkeit der öffentlichen Rede von sich abzulenken, schnitt Alkibiades seinem schönen Hund die Ohren und den Schwanz ab und trieb ihn auf den Marktplatz, damit das Geschwätz der Leute sich diesem Gegenstand zuwandte und sich um seine anderen Angelegenheiten nicht kümmerte. Ich habe auch gesehen, dass die Frauen, um die Meinungen und Mutmaßungen des Volkes zu zerstreuen und die Schwätzer auf die falsche Fährte zu locken, ihre wahre Liebe durch vorgetäuschte Liebesgeschichten verheimlichen. Aber ich habe auch eine gesehen, die in ihrer Täuschung in das eigene Netz fiel und die wahre und echte Liebe für die vorgespielte verließ. Und ich habe dadurch gelernt, dass diejenigen, die eine gute Wahl getroffen haben, töricht sind, eine derartige Maske aufzusetzen. Da der öffentliche Empfang und die Reden dem vermeintlichen Liebhaber gelten, ist er nur, glaubt mir, allzu ungeschickt, wenn er zum guten Schluss nicht euren Platz einnimmt und euch an den seinigen stellt. Das nennt man, einen Schuh passend zuschneiden und zu nähen, damit ihn ein anderer anzieht.

Ein Weniges zerstreut uns und lenkt uns ab, denn ein Weniges hält uns fest. Wir betrachten die Dinge selten im

Großen und für sich allein; es sind geringfügige und oberflächliche Umstände und Bilder, die sich uns einprägen, und hohle Schalen, die von den Gegenständen abspringen,

> wie die durchsichtigen Balghäutchen der Zikaden,
> die ihnen im Sommer abfallen.[15]

Selbst Plutarch trauert seiner Tochter im Gedanken an die Possierlichkeiten ihrer Kindheit nach. Die Erinnerung an ein Abschiedswort, eine Handlung, eine besondere Liebenswürdigkeit, eine letzte Empfehlung macht uns das Herz schwer. Die Toga Caesars[16] brachte ganz Rom in Aufruhr, was sein Tod nicht vermocht hatte. Schon der Klang der Worte, der uns in den Ohren läutet: Mein armer Herr! oder: Mein teurer Freund! Ach! mein liebster Vater! oder: Meine gute Tochter!, wenn dergleichen Geleier mir ans Herz greift und ich es mir näher ansehe, so finde ich, dass diese Klagen Wort- und Lautgeklingel sind. Das Wort und der Tonfall tun mir weh. Wie die Ausrufe der Prediger ihre Zuhörer oft tiefer bewegen als ihre Gründe, und wie uns das klägliche Gewinsel eines Tiers ergreift, das man für unsere Küche tötet; ohne dass ich indessen die wahre und wesentliche Bedeutung der Sache wäge und durchdringe:

> Mit diesen Stacheln wühlt der Schmerz sich selber auf,[17]

auf solchen Dingen gründet sich unser Gram.

Die Beharrlichkeit meiner Steinschmerzen, insbesondere in der Rute, hat mir mitunter langwierige Harnverhaltungen von drei und vier Tagen zugezogen und mich dem Tode so nahe gebracht, dass es Wahnwitz gewesen wäre, zu hoffen, dass ich ihm entgehen würde, ja, angesichts der heftigen Qualen, die dieser Zustand herbeiführt, es auch nur zu wünschen. O wie war jener gute Kaiser,[18] der seinen Verbrechern das Glied zubinden ließ, um sie mangels Entleerung in den Tod zu treiben, ein großer Meister des Folterknechtshandwerks! In diesem Zustand betrachtete ich, mit wie geringen Gründen und Gegenständen meine Einbildungskraft in mir den Trieb nährte, am Leben zu hangen; aus welchen Stäubchen sich meine Seele die Last und Beschwerlichkeit dieses Abschieds auftürmte; welch eitlen Gedanken wir bei einem so ernsten Geschäfte Raum geben: ein Hund, ein Pferd, ein Buch, ein Glas und was noch alles fiel bei meinem Verlust in die Waage. Bei andern sind es ihre ehrgeizigen Hoffnungen, ihr Geldsack, ihre Wissenschaft, nicht minder töricht nach meinem Dafürhalten. Ich betrachtete den Tod gleichmütig, als ich ihn im Allgemeinen betrachtete, als Ende des Lebens; im Ganzen meistere ich ihn; im Kleinen zieht er mir das Fell über die Ohren. Die Tränen eines Bedienten, die letztwillige Verteilung meiner Habe, die Berührung einer bekannten Hand, eine gewöhnliche Tröstung rührt mich und macht mich untröstlich.

So rühren auch die Klagelieder der Sagen unsere Seelen auf; und die Trauer der Dido und der Ariadne ergreift selbst jene, die der Erzählung Virgils und Catulls nicht glauben. Es ist ein Beweis einer verstockten und verhärteten Seele, darüber keinerlei Bewegung zu empfinden, wie man es als ein Wunder von Polemon berichtet; doch er erbleichte denn auch nicht einmal vom Biss eines tollwütigen Hundes, der ihm die Wade vom Bein riss. Und keine Weisheit reicht so weit, dass sie, auch wenn sie den Grund eines so tiefen und überwältigenden Leidens denkend begreift, nicht mehr noch durch seine Gegenwart erschüttert würde, wenn Auge und Ohr beteiligt sind, Sinne, die nur durch eitle Zufälle erregt werden können.

Ist es recht, dass selbst die Künste sich unsere natürliche

Unvernunft und Dummheit zu Diensten und zunutze machen? In diesem Possenspiel der Verteidigungsrede, sagt die Redekunst, wird sich der Anwalt durch den Klang seiner Stimme und durch seine eingeübten Gebärden erschüttern und sich von der Leidenschaft, die er darstellt, selber fangen lassen. Er wird sich mittels der Gaukeleien, die er vorspielt, einen wahren und echten Schmerz in die Seele prägen, um ihn den Richtern mitzuteilen, die er noch weniger betrifft: Wie jene Klageweiber tun, die man bei Leichenbegängnissen dingt, um der Trauerfeierlichkeit nachzuhelfen, und die ihre Tränen und ihre Betrübnis nach Gewicht und Ellenmaß verkaufen; denn wenn sie sich auch mit angenommenem Gehaben gebärden, so lassen sie sich doch, indem sie sich dieses äußeren Benehmens befleißigen und bemühen, ohne Zweifel oft ganz und gar hinreißen und von einer wahren Melancholie befallen.

Ich habe mit anderen seiner Freunde die Leiche des Herrn von Gramont von La Fère, bei dessen Belagerung er gefallen war, nach Soissons zu Grabe geleitet.[19] Ich beobachtete, wie wir überall, wo wir durchkamen, das Volk, das wir antrafen, durch das bloße Schaugepränge unseres Leichenzuges mit Weinen und Wehklagen erfüllten; denn sie kannten nicht einmal den Namen des Verstorbenen.

Quintilian sagt, dass er Schauspieler gesehen habe, die so sehr ihre Trauerrolle übernommen hatten, dass sie darüber noch zu Hause weinten; und von sich selbst, dass er, als er es übernommen hatte, in einer anderen Person eine Leidenschaft zu erregen und sie so weit gebracht hatte, nicht nur von den eigenen Tränen, sondern auch von der Blässe des Gesichts und der Haltung eines Mannes, der wirklich vom Schmerz übermannt ist, überrascht worden sei.

In einer Gegend nahe unseren Bergen machen die Frauen

den Priester Martin:[20] Denn wie sie die Trauer um ihren verlorenen Gatten durch das Gedenken seiner guten und angenehmen Wesenszüge vergrößern, so tragen sie im gleichen Atem auch seine Unzulänglichkeiten zusammen und verkünden sie überall, als wollten sie mit sich selber handelseins werden und ihr Bedauern durch Geringschätzung zerstreuen, mit weit besserer Anmut als wir, die wir uns beim Verlust des erstbesten Bekannten ereifern, ihm neue und falsche Verdienste anzudichten, und einen ganz anderen Mann aus ihm machen, wenn wir ihn aus den Augen verloren haben, als er uns erschien, solange wir ihn sahen: als wäre das Bedauern eine Beförderung der Einsicht, oder gaben die Tränen, indem sie unsern Verstand bespülen, ihm neue Klarheit. Ich verzichte schon heute auf all die günstigen Zeugnisse, die man mir zu geben bereit sein wird, nicht weil ich ihrer würdig, sondern weil ich tot sein werde.

Wenn einer jenen Mann fragt: Welchen Gewinn verfolgt Ihr bei dieser Belagerung?, so wird er sagen: den Gewinn des Beispiels und des allgemeinen Gehorsams gegen den Fürsten; ich suche darin keinerlei Nutzen; und was den Ruhm betrifft, so weiß ich, welch geringen Anteil daran ein Einzelner wie ich einheimsen kann: Ich bin hier weder mit meiner Leidenschaft noch mit meinem Groll beteiligt. Jedoch seht ihn euch nur tags darauf an, wie er gänzlich verändert, ganz kochend und sprühend von Zorn in seiner Schlachtreihe zum Sturm bereitsteht: Das Blitzen so vieler Waffen, das Feuer und das Gerassel unserer Kanonen und unserer Trommeln hat ihm diesen neuen Hass und Grimm in die Adern gejagt. Ein nichtiger Grund, werdet ihr mir sagen. Wie denn Grund? Es bedarf keines Grundes, um unsere Seele aufzurühren: Ein hohles und gegenstandsloses Hirngespinst beherrscht und bewegt sie. Wenn ich mich darin ergehe, Luftschlösser zu bauen, so zimmert mir meine Einbildungskraft Bequemlichkeiten und Ergötzlichkeiten, die meine Seele wirklich kitzeln und erfreuen. Wie oft verdüstern wir nicht unseren Geist um solcher Schattenbilder willen mit Zorn oder Traurigkeit und erfüllen uns mit eingebildeten Leidenschaften, die uns Leib und Seele verstören! Zu welch verdutzten, lustigen, bestürzten Grimassen verziehen diese Wachträume unsere Gesichter! Welche Ausschläge und Aufregungen der Glieder und der Stimme! Scheint es nicht, dass dieser Mensch, einsam wie er da ist, Wahngesichter eines Gedränges anderer Menschen habe, mit denen er verhandelt, oder dass er von einem inneren Dämon besessen sei, der ihn bedrängt? Erkundigt euch bei euch selbst, wo der Anlass dieser Verwandlung liege: Gibt es irgendetwas in der Natur außer uns, das die Wesenlosigkeit beseelt und über das sie Macht hat?

Weil Kambyses im Schlafe geträumt hatte, sein Bruder sei bestimmt, König von Persien zu werden, ließ er ihn töten: einen Bruder, den er liebte und dem er immer vertraut hatte! Aristodemus, König von Messenien, entleibte sich wegen einer Grille, die er sich von einer bösen Vorbedeutung irgendeines Hundegeheuls in den Kopf setzte. Und König Midas tat desgleichen aus Unruhe und Verdruss über einen unangenehmen Traum, den er geträumt hatte. Das heißt das Leben nach seinem rechten Wert schätzen, wenn man es wegen eines Traums von sich wirft.

Indessen hört nur unsere Seele über die Erbärmlichkeit des Leibes triumphieren, über seine Schwäche und darüber, dass er allen Beleidigungen und Anfechtungen ausgesetzt ist: fürwahr, es steht ihr trefflich an, davon zu reden!

O unglücklicher Ton, den Prometheus zuerst gebildet hat!
Er ging nicht vorsichtig genug zu Werke.
Indem er den Leib baute, vergaß er die Seele,
da er doch vielmehr zuerst die Seele hätte recht machen sollen.[21]

Anhang

Erläuterungen

Von der Macht der Phantasie

1 «Fortis imaginatio generat casum.» Die Formel beschreibt in der mittelalterlichen Philosophie bis hin zum Florentiner Philosophen Marsilio Ficino die Wirkung der starken Phantasie auf Körper und Materie.

2 Gemeint ist die Macht der Phantasie. Sie ist dem Schreibenden so stark gegenwärtig, dass es nicht nötig ist, sie beim Namen zu nennen.

3 «Ut quasi transactis saepe omnibus rebus profundant/Fluminis ingentes fluctus, vestemque cruentent.» Lukrez, *De rerum natura (Welt aus Atomen)*, IV, 1035–36.

4 Montaigne mokiert sich über die Leichtgläubigkeit der Menschen. Er spielt zunächst auf die bildliche Redeweise vom «gehörnten Ehemann» an und erzählt ironisch, dass es dem König, der die Schauplätze des Betrugs direkt vor Augen hatte, ähnlich ergangen ist.

5 Einen Großteil der Fallgeschichten und Erzählungen (über den wahnsinnigen Gallus Vibius, den gehörnten Cyppus, über den stummen Krösus, die Liebe des Antiochos zur Stiefmutter Stratonike, den heiligen Franziskus etc.) übernimmt Montaigne von Agrippa von Nettesheim (1486–1535) aus der Schrift über die okkulte Philosophie. Montaignes große Neuerung liegt darin, diese Geschichten mit der männlichen Impotenz zu verbinden und sie psychologisch zu erklären. Nachfolgende Autoren haben Montaigne der religiösen Ungläubigkeit verdächtigt.

6 «Vota puer solvit, quae fœmina voverat Iphis.» Ovid, *Metamorphosen*, IX, 793.

7 Die Formel «sagte er» gibt hier wie an vielen anderen Stellen des Essays deutlich Distanz zu verstehen. Montaigne gibt fremde Meinungen wieder.

8 Gefürchteter Impotenzzauber gegen neuvermählte Ehemänner in der Brautnacht. Montaigne spricht an dieser Stelle von den «plaisantes liaisons» (den «unerfreulichen Verbindungen») und spielt damit auf den bösen Blick und Verzauberung an. Die Nestelknüpferei («nouement d'aiguillettes») meint das Verbiegen und Verknoten der Nadeln des Hoseneinsatzes oder der Gewänder, die Wams und Hose zusammenhalten. Die Kleider können nicht abgelegt werden, der Geschlechtsverkehr ist nicht möglich. Die verbogenen Nadeln evozieren männliche Impotenz. Das Wort «Nestelknüpferei» wird übrigens im Essay nicht gebraucht.

9 Zweifellos Montaigne selbst.

10 Ein emphatisch gebrauchtes Pronomen, es steht für die Frauen im Allgemeinen.

11 Augustinus, *De civitate Dei (Vom Gottesstaat)*, XIV, 24.

12 Montaigne verwandelt die einzelnen Organe in Parteien, die er vor einen Gerichtshof stellt. Er vertritt in rhetorischer Form den Hauptangeklagten.

13 Montaigne bezieht sich hier auf Platons *Gastmahl*. Die Priesterin Diotima erläutert Sokrates die Liebe (Eros) und erklärt, dass die geistige Zeugung im Schönen Ewigkeit schafft und über der körperlichen Zeugung steht.

14 Die Könige von Frankreich heilten nach altem Glauben Kröpfe und Geschwüre durch ihre Berührung, besonders an den hohen Feiertagen, zu denen Scharen Kranker aus Spanien und anderen Ländern nach Frankreich pilgerten.

15 «Dum spectant oculi læsos, læduntur et ipsi/Multaque corporibus transitione nocent.» Ovid, *Remedia amoris (Heilmittel der Liebe)*, 615.

16 «Nescio quis teneros oculus mihi fascinat agnos.» Vergil, *Eclogae (Eklogen)*, III, 103.

17 1. Mose 30,37 f.

18 Dies ist ein wichtiger Satz. Im gesamten Essay betont Montaigne, dass er fremde Rede («sagte er») wiedergibt. Hier verstärkt er seine Distanz zu den einzelnen Fällen. Er bürgt nicht für den Wahrheitsgehalt nach dem Maßstab der Erfahrung, die hier der Vernunft gegenübersteht.

19 Montaigne legt Kriterien von Wirklichkeit und Wahrscheinlichkeit zugrunde. Er bezieht sich darin u.a. auf die Unterscheidung, die Aristoteles in seiner *Poetik* in der Erörterung der Handlung in der Tragödie vornimmt.

Von den Hinkenden

1 Es handelt sich um die Kalenderreform von Gregor XIII., die im Dezember 1582 in Frankreich eingeführt wurde. Die tatsächliche Abweichung von Kalender und Sonnenstand betrug bereits dreizehn Tage, die päpstliche Verordnung verlangte eine Verkürzung des Jahres um zehn Tage.

2 Montaigne bezeichnet sein Buch als ein Register, sein Schreiben als das Anlegen eines Registers. Man kann dabei an die Buchführung der Kaufleute oder an die militärische Registrierung denken. Montaigne betont damit den Ordnung gebenden Charakter der Schrift.

3 «Drollige Ursachkrämer». Wortspiel mit *causer* (plaudern) und *causer* (verursachen), wie im vorhergehenden Satz mit *cause* (Ursache) und *chose* (Sache) – alles Wörter gleichen Stammes *(causa)*.

4 Die kritisierten Gegner sind hier – wie an vielen anderen Stellen der *Essais* – nicht direkt benannt, sondern nur in einem anonymen «sie» angedeutet.

5 «dare pondus idonea fumo», Persius, *Satiren*, V, 20.

6 «Ita finitima sunt falsa veris, ut in praecipitem locum non debeat se sapiens committere.» Cicero, *Academici libri (Akademische Abhandlungen)*, IV, 21.

7 «insita hominibus libidine alendi de industria rumores», Titus Livius, *Ab urbe condita (Römische Geschichte)*, XXVIII, 24.

8 «Quasi vero quidquam sit tam valde quam nil sapere vulgare.» Cicero, *De divinatione (Über die Wahrsagung)*, II, 39.

9 «Sanitatis patrocinium est insanientium turba.» Augustinus, *De civitate Dei (Vom Gottesstaat)*, VI, 10.

10 «Architekt» spielt auf den göttlichen Handwerker und Schöpfer an. Ein Wunder, das in die Naturordnung einträte, würde sie verändern.

11 «Miramur ex intervallo fallentia.» Seneca, *Epistulae morales ad Lucilium (Briefe an Lucilius)*, CXVIII, 7.

12 «Nunquam ad liquidum fama perducitur.» Quintus Curtius Rufus, *Historiae*, IX, 2.

13 *videtur*, z.B. in der Formel des gerichtlichen «Schuldig»-Spruchs: *fecisse videtur.*

14 Der Name des Kentauren Thaumas bedeutet «Verwunderung» (und «Wunder»). Iris: Regenbogen, Götterbotin.

15 Ein zu seiner Zeit berühmter Rechtshandel des «falschen Martin Guerre», der sich bei der Gattin und der ganzen Familie des seit acht Jahren abwesenden M. Guerre so vollkommen für diesen auszugeben vermochte, dass die Frau schwor, er sei ihr Gatte «oder der Teufel in dessen Haut».

16 «Maiorem fidem homines adhibent iis, quae non intelligunt.» Das Zitat ist vielleicht nach Plinius dem Älteren von Montaigne umformuliert.

17 «Cupidine humani ingenii libentius obscura creduntur.» Tacitus, *Historiae (Historien)*, I, 22.

18 «Videantur sanè, ne affirmentur modo.» Cicero, *Academici libri (Akademische Abhandlungen)*, II, 27.

19 Das «Hexenmal».

20 Nieswurz galt als Heilmittel bei Melancholie.

21 «Captisque res magis mentibus, quam consceleratis visa similis.» Quintus Livius, *Historiae (Römische Geschichte)*, VIII, 18.

22 Augustinus, *De civitate Dei (Vom Gottesstaat)*, XVIII, 18.

23 «Nec me pudet, ut istos, fateri nescire quod nesciam.» Cicero, *Tusculanae disputationes (Gespräche in Tuskulum)*, I, 25.

24 Montaigne übersetzt hier ein griechisches Sprichwort, das er zuvor aus Erasmus, *Adagia* II, ix, 49, griechisch zitiert.

25 Erasmus erklärt in den *Adagia* (Sprichwörtern), dass Theramenes ohne Unterlass im Athen am Ende des 5. Jahrhunderts von einer Partei zur anderen wechselte und deswegen den Spitznamen «Kothurn» erhielt. Der Kothurn ist ein Schuh, der sowohl auf den rechten als auch auf den linken Fuß passt.

26 «Seu plures calor ille vias et caeca relaxat/Spiramenta, novas veniat qua succus in herbas;/Seu durat magis et venas astringit hiantes,/Ne tenues pluviae rapidive potentia solis/Acrior aut boreae penetrabile frigus adurat.» Vergil, *Georgica (Landbau)*, I, 89–93.

27 «Jede Medaille hat ihre Kehrseite.»

28 Karneades (214/213–129/128 v. Chr.) war ein berühmter griechischer Philosoph und Vertreter der Skepsis. Karneades versucht entgegen dogmatischen Positionen, den Philosophen auf die Enthaltung des Urteils zu verpflichten.

29 Aesop (ca. 600 v. Chr.) war ein berühmer griechischer Dichter von Fabeln. Der Überlieferung nach soll er als Sklave mehreren Herren gedient haben; er war für seinen klugen Witz berühmt. Jean de La Fontaine und Gotthold Ephraim Lessing haben ihn bewundert.

Vom Müßiggang

1 «Sicut aquae tremulum labris ubi lumen ahenis/Sole repercussum, aut radiantis imagine Lunae,/Omnia pervolitat late loca, iamque sub auras/Erigitur, summique ferit laquearia tecti.» Vergil, *Aeneis*, VIII, 22.

2 «velut aegri somnia, vanae/Finguntur species», Horaz, *Ars poetica (Die Dichtkunst)*, 7.

3 «Quisquis ubique habitat, Maxime, nusquam habitat.» Martial, *Epigrammata (Epigramme)*, VII, 73.

4 «variam semper dant otia mentem», Lucan, *Pharsalia*, IV, 704.

Von den Lügnern

1 Augustinus, *De civitate Dei (Vom Gottesstaat)*, XIX, 7.

2 «Ut externus alieno non sit hominis vice.» Plinius, *Historia naturalis (Naturgeschichte)*, VII, 1.

Es ist Torheit, das Wahre und das Falsche nach unserer Fassungskraft zu messen

1 «Ut necesse est lancem in libra ponderibus impositis deprimi, sic animum perspicuis cedere.» Cicero, *Academici libril (Akademische Abhandlungen)*, II, 12.

2 «Somnia, terrores magicos, miracula, sagas,/Nocturnos

lemures portentaque Thessala», Horaz, *Epistulae (Briefe)*, II, 2, 208.

3 «iam nemo, fessus satiate vivendi/Suspicere in cœli dignatur lucida templa.» Lukrez, *De rerum natura (Welt aus Atomen)*, II, 1038–1039.

4 «Si nunc primum mortalibus adsint/Ex improviso, ceu sint obiecta repente,/Nil magis his rebus poterat mirabile dici,/Aut minus ante quod auderent fore credere gentes.» Ebenda, II, 1033.

5 «Scilicet et fluvius, qui non est maximus, eii est/Qui non ante aliquem majorem vidit, et ingens/Arbor homóque videtur; et omnia de genere omni/Maxima que vidit quisque, hæc ingentia fingit.» Ebenda, VI, 674–677.

6 «Consuetudine oculorum assuescunt animi, neque admirantur, neque requirunt rationes earum rerum quas semper vident.» Cicero, *De natura deorum (Über das Wesen der Götter)*, II, 38).

7 Jean Froissart (ca. 1337–ca. 1405) war ein französischsprachiger Chronist, den Montaigne sehr schätzte.

8 Der Verfasser der *Annales d'Aquitaine*.

9 «Qui, ut rationem nullam afferrent, ipsa auctoritate me frangerent.» Cicero, *Tusculanae disputationes (Gespräche in Tuskulum)*, I, 21.

Von den Luxusgesetzen

1 Im 16. Jahrhundert erließen die Könige von Franz I. (1515–1547) bis Heinrich IV. (1589–1610) eine Reihe von Verordnungen gegen den Luxus. Sie richteten sich gegen verschwenderische Ausgaben für die Pracht der Kleider und gegen den Import von Luxusgütern aus Italien und Spanien. Gegenüber einem erstarkenden Bürgertum wollte

der Adel gesellschaftliche Unterschiede auch in der repräsentativen Kleiderordnung behaupten.

2 Montaignes bildliche Rede vom Einpflanzen der Gewohnheit verleiht dem zivilisatorischen Prozess den Anschein des Naturhaften.

3 Heinrich II., verheiratet mit Katharina von Medici, kam 1559 bei einem Reitturnier tragisch zu Tode, als sich eine Lanze in sein Auge bohrte.

4 Der bürgerliche Mann aus der Stadt stand dem Aristokraten am Hof gegenüber. Das Beispiel zeigt den Aufstieg des Bürgertums und beschreibt die Konkurrenz zwischen den Ständen, die sich auch in der Kleidermode zeigt.

5 Montaigne übernimmt das Beispiel von Zaleukus und den Lokrern aus Diodorus Siculus (1. Jahrhundert v. Chr.); dessen Geschichtswerk hatte der berühmte Übersetzer Jacques Amyot 1554 aus dem Griechischen ins Französische übertragen.

6 «Quidquid principes faciunt, praecipere videntur.» Quintilian, *Declamationes*, III.

7 Die Schamkapsel setzte sich im 16. Jahrhundert durch. Das männliche Geschlechtsteil wurde durch besondere Einsätze im Stoff betont; Nadeln, Kordeln oder Schleifen hielten Einsatz und Hose zusammen. Das Bürgertum ahmte den Adel in dieser Mode nach. Auf den Gemälden von Pieter Brueghel dem Älteren, *Das Schlaraffenland* (1567), und von Hans Holbein dem Jüngeren, *König Heinrich VIII.* (um 1540), kann man das repräsentative Detail gut erkennen.

Von der Eitelkeit der Worte

1 Der Satzbau ist parallel und sehr verkürzt. Montaigne bedient sich – rhetorisch gesehen – eines hohen Stils.

2 Beim klassischen Aufbau der Rede ist das Exordium der Redeanfang, der darauf abzielt, das Publikum zu gewinnen; die Peroratio ist die zusammenfassende Darstellung der Argumente am Schluss, sie soll die Affekte und die Erinnerung des Zuhörers beeinflussen.

3 Montaigne übersetzt hier aus Titus Livius, *Ab urbe condita (Römische Geschichte)*, X, 22, 6–7.

4 «nec minimo sane discrimine refert/Quo gestu lepores, et quo gallina secetur», Juvenal, *Satiren,* V, 123–124.

5 «Hoc salsum est, hoc adustum est, hoc lautum est parum:/ Illud recte; iterum sic memento; sedulo/Moneo quae possum pro mea sapientia./Postremo, tamquam in speculum, in patinas, Demea,/Inspicere iubeo, et moneo quid facto usus sit.» Terenz, *Adelphi,* III, 3, 425–429.

6 Der Wunderpalast des Amadis-Romans.

7 Pietro Aretino (1492–1556), italienischer Autor, der auch Franz I. als Kunstvermittler diente. Er fügte seinem Namen in einigen Schriften das Beiwort «divino» hinzu.

Von den nichtigen Spitzfindigkeiten

1 Das eingangs erwähnte Wörterspiel im Hause Montaignes.

Von geistiger Übung

1 «Perchè dubbiosa anchor del suo ritorno/Non s'assecura attonita la mente.» Tasso, *Gerusalemme liberata (Das befreite Jerusalem)*, XII, 74.

2 «come quel ch'or apre, or chiude/Gli occhi, mezzo fra'l sonno e l'esser desto», ebenda, VIII, 26.

3 «vi morbi saepe coactus/ante oculos aliquis nostros, ut fulminis ictu,/concidit et spumas agit, ingemit et tremit

artus,/desipit, extentat nervos, torquetur, anhelat/inconstanter et in iactando membra fatigat», Lukrez, *De rerum natura (Welt aus Atomen)*, III, 487–491.

4 «Vivit, et est vitae nescius ipse suae.» Ovid, *Tristia*, I, 3, 12.

5 «hunc ego Diti/Sacrum iussa fero, teque isto corpore solvo.» Vergil, *Aeneis*, IV, 702–703.

6 «Semianimesque micant digiti ferrumque retractant.» Ebenda, X, 396.

7 «Falciferos memorant currus abscindere membra,/Ut tremere in terra videatur ab artubus id quod/Decidit abscisum, cum mens tamen atque hominis vis/Mobilitate mali non quit sentire dolorem.» Lukrez, *De rerum natura (Welt aus Atomen)*, III, 642, 644–646.

8 «ut tandem sensus sonvaluere mei», Ovid, *Tristia*, I, 3, 14.

9 «In vitium ducit culpae fuga.» Horaz, *Ars poetica (Die Dichtkunst)*, 31.

10 Schaugerippe, Anatomie; als Fremdwort im Text.

Von der Ablenkung

1 «Uberibus semper lacrimis, semperque paratis,/In statione sua, atque expectantibus illam/Quo iubeat manare modo.» Juvenal, *Satiren*, VI, 272–275.

2 Montaigne stellt hier unterschiedliche philosophische Schulen einander gegenüber. Der griechische Philosoph Kleanthes (ca. 331–ca. 251 v. Chr.) war einer der bedeutendsten Vertreter der alten Stoa. Die Peripatetiker, die nach der Wandelhalle (Peripatos) der Schule des Aristoteles so genannt werden, pflegten und interpretierten bis ins 3. Jahrhundert unserer Zeit die Schriften des Aristoteles (384–322 v. Chr.). Chrysipp (276–204 v. Chr.) gehörte ebenfalls zur stoischen Schule, er systematisierte die stoische Lehre in

Logik, Ethik und Physik. Der griechische Philosoph Epikur (342/341–271/270 v. Chr.) ist der Begründer des Epikureismus. Das Ziel des menschlichen Lebens ist nach Epikur die Lust. Damit ist jedoch weniger sinnliches Vergnügen gemeint als vielmehr Ruhe, Ausgeglichenheit und Seelenfrieden, die «Meeresstille» des Gemüts. Montaigne setzt sich in den *Essais* immer wieder mit diesen Philosophen und ihrer Rezeption im 16. Jahrhundert auseinander.

3 Montaigne folgt der Erzählung Ovids in den *Metamorphosen*. Hier zitiert er eine Passage, die er zuvor bereits wiedergegeben hat: *Metamorphosen*, X, 665–666: «Obstipuit virgo nitidique cupidine pomi/declinat cursus aurumque volubile tollit.»

4 «Abducendus etiam non nunquam animus est ad alia studia, solicitudines, curas, negotia; loci denique mutatione, tanquam aegroti non convalescentes, saepe curandus est.» Vergleiche Cicero, *Tusculanae disputationes (Gespräche in Tuskulum)*, IV, 35.

5 Montaigne erzählt nach Tacitus, *Annalen*, XV, 67. Nach Tacitus wurde S. Flavus, der Pisonischen Verschwörung überführt, durch zwei Schwerthiebe enthauptet.

6 Montaigne entnimmt Tacitus, *Annalen,* XVI, 11, den Bericht über den von Nero zum Tod verurteilten Silanus.

7 Im Französischen heißt es: «Nous pensons toujours ailleurs.» Das Denken ist nicht bei sich und in der Gegenwart, sondern hält sich an anderen Orten («ailleurs») auf.

8 Vergil, *Aeneis*, IV, 382–384 und 386. Montaigne zitiert aus der Abschiedsrede der karthargischen Königin Dido an ihren Geliebten Eneas, der sie verlässt, um gen Latium zu segeln und Rom zu gründen. «Spero equidem mediis, si quid pia numina possunt,/Supplicia hausurum scopulis et

nomine Dido/saepe vocaturum. Audiam, et haec manes veniet mihi fama su imos.»

9 «Omnes clari et nobilitati labores, fiunt tolerabiles.» Vergleiche Cicero, *Tusculanae disputationes (Gespräche in Tuskulum)*, II, 26.

10 «Haec sunt solatia, haec fomenta summorum dolorum.» Ebenda, II, 24.

11 Wahrscheinlich Heinrich IV., der zunächst König von Navarra, dann von Frankreich (1589–1610) war.

12 Montaigne kombiniert hier einen Vers von Persius, *Satiren*, VI, 73: «Cum morosa vago singultiet inguine vena», mit einem Vers von Lukrez, *De rerum natura (Welt aus Atomen)*, IV, 1062, den er leicht verändert hat: «Conjicito humorem collectum in corpora quæque.»

13 «Si non prima novis conturbes volnera plagis/Volgivagaque vagus Venere ante recentia cures.» Lukrez, *De rerum natura (Welt aus Atomen)*, IV, 1070–71.

14 Über den Tod seines Freundes Étienne de La Boétie (1530–1563), der wie Montaigne Parlamentsrat in Bordeaux war.

15 «Folliculos ut nunc teretes aestate cicadae/Linquunt.» Lukrez, *De rerum natura (Welt aus Atomen)*, V, 803.

16 Sein blutbefleckte Kleid, das Antonius dem Volk zeigte.

17 «His se stimulis dolor ipse lacessit.» Lucan, *Pharsalia*, II, 42.

18 Tiberius.

19 1580, während der großen Reise Montaignes.

20 Volkstümliche Figur eines Priesters ohne Messdiener, der sich selbst die Antworten gibt: «Il sera prestre Martin, il chantera et respondra.» Alain Chartier, *Quadrilogue*.

21 «O prima infælix fingenti terra Prometheo!/Ille parum cauti pectoris egit opus./Corpora disponens, mentem non vidit in arte;/Recta animi primum debuit esse via.» Properz, *Elegien,* III, V, 7–10.

Nachwort

Die *Essais* von Michel de Montaigne wurden 1580 zum ersten Mal in Bordeaux veröffentlicht. Die Stadt im Südwesten Frankreichs, in der Provinz mit dem alten Namen Guyenne, war durch Handel reich geworden. Sie verfügte über ein Parlament, das königliche Gesetze registrierte und unabhängig Recht sprach. Mit der Geschichte der Stadt und der Provinz war Montaigne, der in dem Landstrich mit der gaskognischen Mundart von 1533 bis 1592 lebte, bestens vertraut. Die Handels- und Überseewege zur Neuen Welt, die die Europäer entdeckt und grausam ausgebeutet hatten, lagen, über das breite Mündungsdelta der Gironde gut erreichbar, vor den Toren der Stadt. Mehrere Tagereisen dauerte es, wollte man zu Pferde oder mit der Kutsche ins Zentrum des Landes gelangen. Dort hatte sich in der ersten Hälfte des 16. Jahrhunderts unter italienischem Einfluss die Kultur der Renaissance an den königlichen Höfen in Paris, im Louvre und in Saint-Germain-en-Laye entfaltet. Aus Italien angeworbene Künstler bauten das alte Jagdschloss Fontainebleau zur prachtvollen Residenz aus; die Schlösser an der Loire sollten die Herrschaftsansprüche der Monarchie repräsentieren. Schon als junger Gesandter der Stadt lernte Montaigne, der Wegstrecken am liebsten zu Pferd zurücklegte, die höfischen Orte der Macht kennen. Welche Bedeutung sein eigenes Werk einst haben würde, war beim Erstdruck der *Essais* kaum absehbar. Montaigne übernahm für den Druck einen Teil der Kosten. Knapp zehn Jahre später hatte sich das Blatt schon gewendet. Der Ruhm des Autors war gewachsen. Eine neue Auflage mit Ergänzungen und mit einem gänzlich neuen dritten Band wurde 1588 in Paris verlegt. Während man unter seinen Landsleuten in seiner gaskognischen Heimat, wie Montaigne in den *Essais* berichtet, über ihn lächelte und es komisch fand, dass er «gedruckt ist», bezahlten ihn nun, wie er schreibt, die Verleger in Paris.

Das Titelblatt der Ausgabe von 1588 bildete jener Stich, der den vorliegenden Band schmückt. Im Stil der Schule von Fontainebleau sieht man Motive, die zur Vegetationsgöttin Pomona gehören: Dicke Putti, Früchte in großen Garben, Girlanden und Masken kontrastieren in ihrer Fülle mit dem eher nüchternen inneren Rahmen, in dem ursprünglich die Namen von Werk und Autor standen. Die Figuren erinnern an Grotesken, die als architektonischer Dekor in der Wandmalerei der Renaissance beliebt waren. Grotesken sind ornamentale Bildelemente. Sie sind nach der Laune und Phantasie des Künstlers frei – und ohne Regeln der Natur zu beachten – kombiniert: Blattranken, geriefelte Stängel mit krausen Blättern und Voluten verbinden sich mit Menschen- und Tierköpfen. Montaigne bezeichnet die Grotesken als phantastische Malereien und vergleicht sie mit seinen *Essais*. Diese haben, wie die grotesken Bildelemente «aus verschiedenen Gliedern zusammengestückt, ohne bestimmte Form, keine Ordnung und folgerichtige Proportion als den Zufall».

Kaum ein anderer Schriftsteller Frankreichs hat in seinem eigenen Land und in Europa über Jahrhunderte hinweg so viele Leser gefunden wie Michel de Montaigne. Er wurde 1533 als Michel Eyquem geboren. Seine Vorfahren hatten es durch den Handel mit Wein, Fisch und Farbe zu Wohlstand gebracht. Seine Familie stand in hohem Ansehen. Großvater und Vater Montaignes bekleideten wichtige politische Ämter in der Stadt Bordeaux. Kaufverträge belegen, dass Montaignes Vater, der im Heer von Franz I. (1515–1547) in Italien diente und auf diese Weise mit der italienischen Kultur in Berührung kam, sein Anwesen nach und nach vergrößerte und verschönerte. «Mein Haus», so charakterisiert es Montaigne, «ist, wie der Name sagt, auf einen Hügel hinaufgelegt.» Montaigne ist eine alte Sprachform für die *montagne*, den Berg. Nach dem Tod des Vaters legte Michel den alten Zunamen Eyquem ab und übernahm den adeligen Namen, den des Ortes der Herkunft. Er zählte damit zur neuen, nicht zur alteingesessenen Noblesse. Bis ins 18. Jahrhundert erscheint auf den Titelblättern der *Essais* der Name des Autors als «Messire» oder «Seigneur de Montaigne». Zusätzlich begleitet ihn der Ehrentitel «Edelmann und Kammerdiener des Königs».

Wie sein früh verstorbener Freund Étienne de La Boétie war Montaigne juristisch ausgebildet. Als Parlamentsrat – den Sitz hatte er vom Vater übernommen – bereitete er Prozesse für die Rechtsprechung vor, er gewann Einblick in die Ausübung von Macht, Herrschaft und Gewalt. Nach einer Reise nach Deutschland und Italien war er von 1581 bis 1585 Bürgermeister von Bordeaux. Reisen in politischer Mission führten ihn nach Paris, dabei geriet er zuweilen in Gefahr, etwa durch Raubüberfälle marodierender Banden. Sitten und Zeremoniell am Hof waren ihm bekannt. Davon ist in seinen Betrachtungen über den Luxus (vergleiche S. 54–55) die Rede: Am königlichen Hof trägt man als Zeichen der Trauer um den beim Turnier ums Leben gekommenen König Heinrich II. (1547–1559) ein ganzes Jahr lang schlichtes Tuch. Deswegen kommen die Kleider aus kostbarem Seidenstoff aus der Mode. Auch beobachtet er die Zeremonien bei Hof, die das Machtverhältnis zwischen der hohen Aristokratie und dem König symbolisch darstellen. In der Nähe von Heinrich III. (1574–1589) und von Personen königlichen Geblüts haben die Aristokraten ihre Schwerter und Kopfbedeckungen abzulegen, was nach Montaigne nicht der Sitte der Väter entspricht und auf neue Machtverhältnisse hinweist. Eine Abneigung gegen die effeminierte Mode am Hof von Heinrich III., die auch seine Zeitgenossen kritisieren, ist deutlich spürbar.

1570 verkaufte Montaigne seinen Sitz im Parlament von Bordeaux und zog sich aus dem öffentlichen Leben auf sein Anwesen zurück. Sein *room of one's own*, wie es bei Virginia Woolf heißt, war ein rundes Turmzimmer mit einer großen Bibliothek und mit Balkeninschriften, die an die Kürze des Lebens erinnerten und zur richtigen Lebensführung ermahnten. Dieser Ort ist auch heute noch zu besichtigen. Für die Vorlieben des Vaters, den Garten, die Ländereien und das Anwesen, interessierte sich Montaigne wenig. Er überließ die Wirtschaft und Ökonomie den Frauen: seiner Ehefrau Françoise de Chassaigne, seiner spanischstämmigen Mutter Antoinette de Louppes, die ihn ebenfalls überlebte, und seiner Tochter Léonore. Von den sechs Kindern der Eheleute waren fünf im Kindesalter gestorben; unter den Briefen Montaignes ist ein Trostbrief an seine Frau überliefert. Über die Schlossbewohnerinnen und das Leben, das Montaigne mit ihnen führte, erfahren wir in den *Essais* nichts. Aber es wäre voreilig, daraus auf eine Geringschätzung der Frauen zu schließen. Anders als die Juristen der Zeit wagte es Montaigne zum Beispiel, das salische Gesetz, das weibliche Nachkommen von der Thronfolge ausschließt, zu hinterfragen. Es gibt Texte, in denen er für die Gleichheit von Mann und Frau eintritt und damit der herrschenden Meinung seiner Zeit widerspricht.

Fraglos haben die *Essais* autobiographische Züge. Montaigne will dem Leser ein Porträt seiner selbst geben und seine inneren und verborgenen Eigenheiten darstellen. Zwischen den öffentlichen Aufgaben, den Rollen und Masken, die jeder Mensch annimmt, und dem, was das Eigene ausmacht, unterscheidet er. Die feinen Unterschiede kann er dabei nicht immer allen verständlich machen: «Ich kenne Leute, die sich in ebenso viele neue Gestalten und Wesen umformen und verwandeln, als sie Ämter übernehmen; die selbst ihrem Herzen und ihrem Eingeweide den Hahnenkamm aufsetzen und ihre Würde bis auf ihren Leibstuhl mitnehmen. Ich kann es ihnen nicht in den Kopf bringen, dass sie das Hutabziehen, welches ihnen gilt, von demjenigen unterscheiden, welches ihrem Amte, ihrem Gefolge oder auch ihrem Maultiere widerfährt.» Wer sich lediglich über Amt und gesellschaftliche Aufgabe definiert, der verliert sich oder hat sich, Montaigne zufolge, noch niemals gefunden. Gesellschaftliches Leben und Öffentlichkeit bedeuten für den Essayisten ein Rollenspiel, dem sich das Ich nicht gänzlich verschreiben sollte. Das Ich soll Distanz halten und sich selbst zum Gegenstand der Sorge und Pflege machen. Montaigne ist sich darüber im Klaren, dass er mit seiner nahezu schonungslosen Offenheit literarische Konventionen und gesellschaftliche Normen verletzt. Diese fordern, dass der Einzelne gegenüber der Gemeinschaft und gegenüber Gott zurücktritt und sich in seiner Selbstliebe nicht aufspielt. Er entwickelt deshalb eine Reihe von rhetorischen Strategien, um sich zu schützen.

Auch wenn Montaigne immer aus subjektiver Sicht und mit Bezug auf sich selbst schreibt, enthalten seine *Essais* nur wenige biographische Hinweise. Nur hin und wieder sind Bemerkungen über seine Kindheit eingestreut. Sein sportlich-vitaler Vater, der auch noch im fortgeschrittenen Alter schwungvoll auf seinem Pferd aufsaß, hat ihn liebevoll erzogen und morgens mit Musik geweckt. Die Leute in seiner Umgebung sprachen noch lateinische Brocken, denn ein deutscher Hauslehrer, der nach der Bildungsidee des Vaters nur lateinisch mit dem Sohn sprechen sollte, hat ihn zunächst erzogen. Die Schule in Bordeaux, das Collège de Guyenne, ist eine humanistische Neugründung mit berühmten Lehrern: Montaigne erwähnt sie einmal kurz, schildert aber weder Schüler noch Lehrer, noch Erziehungsmethoden. Auch über den Studienweg des Autors geben die *Essais* keine Auskunft. Vor den Augen des Lesers entfaltet sich keinesfalls die fortlaufende Geschichte eines Lebens, wie man sie aus Autobiographien von Künstlern wie Cellini, Rousseau oder Goethe kennt.

Ähnlich ist es mit historischen Ereignissen. Die *Essais* sind mit historischer Erfahrung durchtränkt, aber Montaigne spielt immer nur kurz auf Begebenheiten an, nennt beispielhaft Namen und Begriffe, erinnert an Vergangenes und berichtet von früheren Bräuchen. Dieser Bezug zur Geschichte steht bei ihm immer im Dienste der Reflexion über die *condicio humana*. Die Bartholomäus-Nacht im August 1572, das grausige Massaker an rund 5000 Protestanten anlässlich der Hochzeit von Marguerite, der Tochter von Katharina von Medici, mit Heinrich IV. von Navarra in Paris, hat das ganze Land erschüttert. Auch Montaigne muss die «Pariser Bluthochzeit» nahegegangen sein. Er war mit dem damals noch protestantischen König von Navarra, dem späteren katholischen französischen König Heinrich IV. (1589–1615), gut bekannt. Aus dem Familienbuch der Montaignes weiß man, dass sich der König auf dem Schloss zu einer Treibjagd aufgehalten hat – auch Montaigne war ein leidenschaftlicher Jäger. Wie eine exzellente Kennerin der Epoche, Géralde Nakam, überzeugend darlegt, war es Montaigne wie anderen Autoren wegen der Zensur nicht möglich, die Bartholomäus-Nacht auch nur zu erwähnen.

Beinahe zehn Jahre lang, von 1571 bis 1580, las und schrieb Montaigne im Turmzimmer seines Anwesens, bevor 1580 die ersten beiden Bände der *Essais* erschienen. Seine Bibliothek war sehr gut ausgestattet; Spruchweisheiten von antiken Autoren und aus der Bibel zierten die Deckenbalken. Eine Welt der Buchstaben und Bücher umgab ihn. Wie in einem Gehäuse war Montaigne von der zeitgenössischen Realität abgeschirmt, und doch floss die eigene Zeit als erfahrene und reflektierte überall in die *Essais* ein. Eine an die Musen gerichtete Balkeninschrift erinnerte Montaigne feierlich an den Eintritt in sein neues Leben an seinem 38. Geburtstag. Sein Wunsch war es, so bezeugen es die eingeprägten Buchstaben, «sich im Schoß der gelehrten Jungfrauen, in Ruhe und Sicherheit von den öffentlichen Ämtern und ihrer Knechtschaft auszuruhen». Das starke Wort von der Knechtschaft evoziert schonungslos Zwang und Entfremdung des öffentlichen Lebens. Mit dem Anruf an die Musen erobert sich Montaigne einen Freiraum der Muße zurück. Er beginnt mit seiner unerhörten Selbsterforschung: «Die Welt sieht immer gerade vor sich weg; ich aber wende mein Gesicht auf das Innere [...]. Jedermann blickt vor sich hin, ich blicke in mich hinein.»

Montaigne gilt als der Erfinder der Gattung des Essays, des «Versuchs». Anders als die systematische Abhandlung stellt der Essay nur lockere Verbindungen zwischen einzelnen Gedanken her. Oft schweift die Rede überraschend auf ein anderes Gebiet ab. Diese Abschweifungen sind zugleich amüsant und lehrreich, wenn sonst weit voneinander entfernte Dinge in Verbindung miteinander gebracht werden. Vielleicht kann man deshalb einen Essay überall zu lesen anfangen und muss ihn nicht von vorne bis hinten durchlesen. Ein Essay ist der individuelle Versuch, die Welt aus dem gegenwärtigen Horizont der Erfahrung zu betrachten. Montaigne sammelt nicht einfach Erzählungen, Fälle, Begebenheiten und Zitate. Dokumentation oder Bildungswissen sind seine Sache nicht. Es geht ihm vielmehr um kritische Einschätzung. Urteilsvermögen soll auch der Leser ausbilden. Sehen und Erkennen sind radikal der Zeit, der alles verändernden Zeit, ausgesetzt. Einen absoluten Fixpunkt und eine Wahrheit gibt es also nicht. «Ich male nicht das Sein», formuliert Montaigne, «ich male den Übergang.» Welt und Ich sieht Montaigne in ständiger Bewegung und dauernder Veränderung. Deshalb warf ihm vor allem das 17. Jahrhundert vor, ein Skeptiker zu sein und jeden Wahrheitsgrund zu zerstören. Montaigne hat seine offene Haltung zu Leben und Welt in einer berühmten Frageform zum Ausdruck gebracht: «Was weiß ich?» – «Que sais-je?» Eine ähnliche Formel des Sich-Enthaltens – «epecho»: «Ich enthalte mich (des Urteils)» –, die dem Skeptiker Pyrrhon von Elis (360–270 v. Chr.) zugeschrieben wird, ließ er in griechischer Sprache auf eine Medaille prägen, auf der zugleich eine Waage zu sehen war. Die beiden Waagschalen standen auf gleicher Höhe, das Zünglein der Waage zeigte den Gleichstand der Argumente an und sollte bildlich darstellen, dass das Urteil weder der einen noch der anderen Seite zuneigt. Ähnlich verhält es sich auch mit der Frage nach dem Wissen. Erkenntnis wird weder verneint («Ich weiß nicht») noch bejaht («Ich weiß»). Vielmehr fordert Montaigne zur Suche nach der Wahrheit und zu Toleranz auf. Der Essay «Von den Hinkenden», der sich in unserer kleinen Sammlung findet, handelt von der Hexenverfolgung in Frankreich und warnt vor voreiliger Urteilsbildung.

Leser und Kritiker Montaignes faszinierte nicht nur sein großes Wissen, sondern vor allem die große Freiheit der Darstellung, seine «edle Offenherzigkeit». Nietzsche sprach von Montaigne als der «freiesten und kräftigsten Seele». Montaignes offene Art, über sich selbst zu sprechen, ist aber auch als ein Tabubruch gewertet worden. In einem großen Konversationslexikon des 18. Jahrhunderts, dem «Zedler», wird der Vorwurf der ungebührlichen Selbstdarstellung aufgenommen: «Im Übrigen hat man sonderlich an ihm getadelt, dass er von sich selbst so viel Rühmens gemacht.» Das eigene Ich darzustellen, bedeutet, es ungebührlich über die anderen Menschen und die Gesellschaft zu erheben und in dieser Selbstliebe Gott zu vernachlässigen. Das Ich oder das Selbst zum Thema der Literatur zu machen, verletzte eine Regel von Literatur und gesellschaftlicher Konvention.

Nun betont Montaigne immer wieder, dass es sich für den Leser kaum lohne, sich dem Stoff des Ich, einem so frivolen und eitlen Gegenstand, zuzuwenden. Er schwächt den eigentlichen Kern seines Unternehmens ab und versucht damit auch, Angriffen zu entgehen. So gibt das Motto des vorliegenden Bandes eine Harmlosigkeit vor, die Montaignes sokratisch geschulte Vorgehensweise nicht hat: «Das hier sind meine Phantasien, durch sie versuche ich nicht, die Dinge zu erkennen, sondern mich selbst.» Die Selbsterkenntnis ist ein hohes Ideal in der europäischen Kultur. Eine Inschrift auf dem griechischen Apollon-Tempel in Delphi empfahl den Menschen: «Erkenne dich selbst!» Vornehmlich soll der Mensch erkennen, dass er kein Gott, sondern ein sterbliches Wesen ist. Während die Selbsterkenntnis emphatisch betont wird, haben die Phantasien keinen hohen Stellenwert. Sie galten zu Montaignes Zeit als eitle Vorstellungsbilder, wirre Träume und unwahre Einbildungen.

Wenn er die *Essais* als seine «Phantasien» bezeichnet, betont er damit die Niedrigkeit des eigenen Standpunkts und gibt bescheiden vor, für die Allgemeinheit keine besondere Rolle zu spielen. Sein eigenes Denken und Sprechen als Phantasien darzustellen, birgt eine ungeheure Sprengkraft, denn jede Dogmatik und jeder absolute Wahrheitsanspruch werden dadurch in Frage gestellt. Die *Essais* befördern damit die Ausbildung von Toleranz, sie verlangen eine Relativierung des Eigenen zugunsten des Fremden und der Vielfalt.

Montaigne hat das Paradox seiner Selbstdarstellung vielfach auf den Punkt gebracht. So spricht er auch von der «komischen Phantasie», die darin besteht, der Öffentlichkeit Dinge mitzuteilen, die er dem Einzelnen im Gespräch nicht zu sagen wagt. Die Literatur und das Schreiben erhalten damit eine außerordentliche Funktion: Literatur teilt etwas über einen Menschen mit, der sich in keinem anderen Raum des Lebens in solcher Form darstellen kann. Der Text sagt dem Leser etwas, was sonst niemand erfährt. In diesem Sinn spricht Montaigne davon, dass er sein Buch gemacht habe so wie das Buch ihn.

Unser heutiger positiver Begriff von Phantasie ist in der zweiten Hälfte des 18. Jahrhunderts entstanden. Im Zeichen des Genies befreite sich die Kunsttheorie von der traditionellen Nachahmungsästhetik und entwickelte einen Begriff der produktiven Einbildungskraft. Produktiv heißt: Die Phantasie vermag Gegenentwürfe zur Realität zu entwickeln; sie erfindet das Neue und hat darin auch eine utopische oder politische Komponente, wie es in der 68er-Generation mit dem Slogan «Die Phantasie an die Macht» nachklingt. Gerade in dem besonderen Moment des produktiven Schaffens ist das Vermögen der Phantasie speziell dem Künstler oder dem Dichter zugeordnet.

Bis ins 18. Jahrhundert hinein hatten Phantasie und Imagination einen schlechten Ruf. In den ersten eigenständigen Schriften, die sich ihr widmeten, wird die Imagination mit bunten Gläsern verglichen, die wie Brillengläser die Welt in eine Farbigkeit tauchen, die sie nicht wirklich hat. Der Schein tritt an die Stelle des Seins und manipuliert die Menschen. Deswegen wohnt der Phantasie eine subversive Kraft inne; sie erfindet das Andere, das Neue, das Nichtexistierende und kann damit in einen Widerspruch zur Ordnung der Gesellschaft und der Ordnung des Wissens treten. «Die Imagination bestimmt alles, sie macht die Schönheit, die Gerechtigkeit und das Glück, was in der Welt alles ist.» So negativ äußerte sich im 17. Jahrhundert der jansenistische Theologe und Mathematiker Blaise Pascal, der Montaigne intensiv gelesen hat und ihm viele Einsichten verdankte. Immer wieder wandte er sich gegen die geistige Libertinage Montaignes und versuchte, dessen Denken, aber auch dessen Stil zurückzudrängen. Denn der Stil der *Essais* ist, wie der Leser schnell sieht, ungewöhnlich. Montaigne schreibt sehr bildlich; er gleitet ab und springt von einem Thema zum nächsten. Kurze und lange Sätze wechseln sich ab; viele Zitate, vor allem in lateinischer Sprache, sind in den Text eingebaut. Die Bewegungen des Vorstellens und Denkens überträgt Montaigne auf seinen Stil. Er schreibt einen springenden und hüpfenden Stil. Die Phantasie des Essayisten stellt dabei die Verbindung zwischen den einzelnen Elementen her. Im Aufschreiben, in der Verschriftlichung seiner Gedanken und Phantasien, versucht Montaigne sich und seine innere Welt zu ordnen, wie er es in seinem Essay «Über den Müßiggang» nahelegt.

Phantasie und Sexualität kreuzen sich bei Montaigne auf vertrackte Weise, wie insbesondere der Essay «Von der Macht der Phantasie» zeigt. Die Macht der Phantasie führt zur Ohnmacht männlicher Potenz. An vielen Stellen der *Essais* werden körperliche Funktionen und auch die Liebe sehr offen und freizügig dargestellt. Die geistigen Aktivitäten des Menschen vergleicht Montaigne immer wieder – ganz unplatonisch – mit körperlichen Vorgängen. Übersinnliches und Sinnliches treten in enge Verbindung, so als könnte der Mensch das Irdische nicht abschütteln. «Montaigne hat große Fehler. Er ist voll schmutziger und unhöflicher Wörter. Das taugt nicht.» Für Pascal überschritt die Sprache der *Essais* die Grenzen des Schicklichen. Auch im aufgeklärten 18. Jahrhundert hat man das so gesehen. Für die deutschen Übersetzer stellte sich das Problem, eine Redeweise wiederzugeben, die menschliche Körperlichkeit, Liebe und Sexualität ohne weitere Umschweife benannte. «Es ist jedem Leser des Originals nur allzugut bekannt, dass der geschwätzige, ehrliche Alte gewissen Darstellungen der Sinnlichkeit den sittsamen Schleier nur selten überwirft, weil es ihm in seiner Herzenseinfalt gar nicht beizufallen scheint, dass jemand Arges daran haben könne.» Der Biograph des Montaigne-Übersetzers Johann Joachim Christoph Bode spielt direkt auf das «verruchene Kapitel: Über die Einbildungskraft», also auf den Essay «Von der Macht der Phantasie», an. Er verkennt, dass Montaigne keinesfalls aus einer Schlichtheit des Herzens spricht, sondern sehr genau weiß, wo er Grenzen des Erlaubten überschreitet, Anstoß erregt oder die Zensur herausfordert.

Der Essay «Von der Macht der Phantasie» mutet zunächst sehr fremd an. Viele Beispiele und Namen erinnern an magisches Denken, das von einer Einwirkung der Phantasie auf die Materie ausgeht. Die Fallgeschichten entstammen den zeitgenössischen Anekdotensammlungen, aber auch philosophischen und medizinischen Schriften. Sollte Montaigne wirklich daran geglaubt haben? Meinte er ernsthaft, dass einem gewissen Cyppus über Nacht Hörner gewachsen sind? Und was haben die Stigmata des heiligen Franziskus, deren Empfängnis der mittelalterliche Maler Giotto auf Altartafeln dargestellt hat, mit dem Hauptthema der männlichen Impotenz und der Sexualität im Allgemeinen zu tun? Montaigne handelt das Phänomen männlicher Impotenz am Phänomen der «Nestelknüpferei» ab. Die Nestelknüpferei, das «Verknüpfen der Nadeln», zählt zu den großen kollektiven Ängsten des Abendlandes in dieser Zeit. Nadeln hielten die Hosen mit dem Wams zusammen. Waren sie durch magischen und teuflischen Einfluss verbogen oder verknüpft, konnte sich der Mann nicht entkleiden, der Geschlechtsverkehr nicht stattfinden. Die «unvergnüglichen Verbindungen» – so bezeichnet sie Montaigne – stehen für die Impotenz des Mannes. Sie galt nicht nur als individuelles Versagen, sondern auch als eine subtile List der Magier und Hexen, die im Bund mit dem Teufel versuchten, die gottgegebene Institution der Ehe zu beeinträchtigen und die menschliche Fortpflanzung zu verhindern.

So fremdartig uns diese Vorstellung ist, so vertraut sind uns andere Beispiele des Essays, die psychosomatische Zusammenhänge betreffen. Montaigne selbst berichtet von sich, dass er die Wirkung der Einbildungskraft auf den Körper sehr stark empfindet: Der Anblick der Angst eines anderen ängstigt auch ihn bis hin zu körperlichen Symptomen. Die Phantasie ist die Instanz, die zwischen dem Befinden anderer und dem eigenen Befinden vermittelt und zu ähnlichen körperlichen Empfindungen führt. Bilder und Vorstellungen entfalten eine besondere Wirkung auf den Körper, wenn sie sich auf das erotische oder sexuelle Moment beziehen. Montaigne scheut sich nicht, ein bekanntes Lukrez-Zitat über die Pollutionsträume jugendlicher Männer einzubinden; es bildet den Übergang zu einer Reihe von Beispielen, bei denen Sexualität und Erotik im Wachzustand im Mittelpunkt stehen.

Welche bildlichen Vorstellungen erzeugt und wirksam werden, hängt von der Gemeinschaft ab, in der man lebt. In ihr zirkulieren auch magische Bilder vom Hörnerwachsen, von mysteriösen Geschlechtsumwandlungen und eben von der Nestelknüpferei. Montaigne erteilt magischen Deutungen jedoch eine Absage, wenn es wahrscheinlichere Erklärungen für die Phänomene gibt. Wenn jemand meint, eine Hexe auf dem Besen gesehen zu haben, so wäre die wahrscheinlichste Erklärung, dass dieses Bild seiner Phantasie entspringt. Eine solche Annahme war im 16. Jahrhundert, in einer Zeit des Hexenwahns, nicht ungefährlich. Sie hätte ihn Kopf und Kragen kosten können.

Montaigne argumentiert überwiegend psychologisch und stellt die Sprache in den Mittelpunkt seiner Überlegungen. Der Mensch hat dann keine Macht über seine Vorstellungen und seine Sprache, wenn er starken gesellschaftlichen Zwängen und der Herrschaft anderer ausgesetzt ist. Weil man «seinen Glauben stark beeinträchtigt hat», glaubt der Einzelne etwas zu sehen, was er in Wirklichkeit nicht sehen kann. Er hat Angst davor, von der herrschenden Meinung abzuweichen. Die Freiheit wird auch da beinträchtigt, wo Menschen im Übermaß gesellschaftlichen Regeln folgen müssen, die sie unter Erfolgsdruck stellen. Die Sprache kann Phantasiebilder evozieren, die dann Macht über uns gewinnen: Ein Mann «hört von einer außergewöhnlichen Ohnmacht erzählen», gemeint ist die Impotenz, und als er selbst mit einer Frau zusammen ist, fällt ihm der «Schreck über diese Erzählung» wieder ein, bemächtigt sich seiner Phantasie und macht ihn ohnmächtig. Das Heilmittel, das Montaigne ersinnt, liegt wiederum in der Sprache. Er erfindet eine andere Erzählung, an der sich die Phantasie entzünden kann, so dass der Liebesverkehr ohne Beeinträchtigung stattfinden kann.

Montaignes *Essais* beanspruchen, eine solche Rettung oder heilende Wirkung durch die Sprache zu erzielen. Unsere kleine Auswahl schlägt den Bogen von dem frühen Essay «Von der Macht der Phantasie» zu dem späteren Text mit dem kuriosen Titel «Von den Hinkenden». Montaigne erlautert darin die Psychologie des Hexenwahns und betreibt zugleich Erkenntniskritik: Welche Aussagen kann der Mensch über die Ursachen der Dinge treffen? Die weiteren ausgewählten *Essais* verdeutlichen das Spektrum menschlichen Handelns, in dem die Phantasie wirkt. Die Phantasie gestaltet die Erfindungen von Mode und Prachtentfaltung, sie durchkreuzt die Lügen der Redner, sie durchwirkt das Verhältnis von Wort und Sache. Montaigne plädiert nicht für den direkten und frontalen Zugriff, sondern dafür, sich den Dingen unverkrampft von der Seite zu nähern. Es geht ihm darum, die Macht der Phantasie durch andere Vorstellungsbilder zu mäßigen und sich ihr damit zu entziehen. Davon handelt der unser Buch abschließende Essay «Von der Ablenkung». Die *Essais* sind im besten Sinne des Wortes «divertissement», das heißt Zerstreuung. Nicht ohne Grund hat Goethe von der «unschätzbar heiteren Wendung» Montaignes gesprochen. In ähnlicher Weise erkannte Nietzsche «eine wirklich erheiternde Heiterkeit». Den *Essais* sind viele Leser zu wünschen.

Hinweis zur Übersetzung

Diese Ausgabe bietet eine Auswahl aus der hervorragenden Übersetzung von Montaignes *Essais* durch Herbert Lüthy. Allerdings hat Lüthy einzelne Absätze ohne weitere Kennzeichnung ausgelassen. Neben dem Essay «Von den Luxusgesetzen» wurden folgende ausgelassene Passagen von Karin Westerwelle ins Deutsche übertragen:

S. 8 f.: «dass sie, als … gelobt hatte.»
S. 13 f.: «Amasis, König von … einem Gegenmittel abzulenken.»
S. 16 f.: «Schließlich würde ich … erkennen kann.»
S. 18: «Eine Frau, die … von ihrem Schmerz befreit.»
S. 23 f.: «Vor zwei oder drei Jahren … anlegen wollen.»
S. 28: «Nur wenig Zeit … nach allen Umständen.»
S. 36–39: Zutreffend oder unzutreffend … sie zu überschreiten.»
S. 58 f.: «Ariston definiert … werden sollte.»
S. 59: «Denn L. Volumnius … sagte er.»
S. 64: «Der Spitzname … ohnmächtig hinfallen.»
S. 84 f.: «Diese andere Erzählung … auf seiner Seite hatte.»
S. 87: «Subrius Flavus … gerichtet zu haben.»
S. 87 f.: «Einen guten Dienst … bestimmt war.»
S. 88 f.: «Ich aber hoffe … Sache selbst ab.»
S. 91: «Um die Aufmerksamkeit … ein anderer anzieht.»
S. 94: «Quintilian sagt … überrascht worden sei.»